人の和で幸せを広げるおかげさま経営

はじめに——人との絆こそが会社経営の基盤

時代遅れかもしれないが、日本人は「おかげさま」とか「おたがいさま」という生き方がいちばん性に合っていると、私はいまでも考えている。

ビジネスの世界でも、アメリカナイズされたドライな関係には違和感を覚える。経営者と社員、上司と部下の関係は、仕事だからと事務的に割り切ったり、組織だからと上下関係にしばられるのではなく、みんなの幸せのために一緒に頑張るチームだととらえたい。

スポーツのチームは、メンバーそれぞれの役割分担が決まっているが、一方的に命令し盲目的にそれに従うような上下関係はない。お互いを必要とし、助けあい、はげましあいながら、チームの勝利のために各自の役目を果たそうと精一杯努力するのだ。

それは日本の家庭の姿でもある。

家の長は、家族の幸せの責任を負っているが、決して支配者ではない。家計を支えるために黙々と働き、問題が起これば先頭に立って闘う。家族もわがままな主張はせず、家長に協力して各自の分を尽くす。

みんなの幸せのために力を合わせ、お互いを気づかい、支え合う。それが家族の絆というものだ。

サンフェローもそんな会社をめざしている。

私は、私と関わりをもったすべての人々が幸せになってほしいと願っている。彼らを幸せにするのが私の使命だとさえ思っている。

特に社員のみんなには感謝が尽くせない。

育ち盛りで、まだ企業としての体をしっかりなしていないこの会社を選んで入社してくれたことにまず感謝している。

小さな会社なので、社員はだれもが大きな責任を負っている。

私自身も一営業社員から身を立てたので、お客様と対応する現場の厳しさはよく理解している。会社の中でいちばん苦労しているのは最前線で働いている社員なのだ。だから社長である私は彼らの働きに感謝し、彼らを全力でバックアップするのが役割だと考えている。

社員がなにかトラブルに巻きこまれたら火消し役に回る。ミスをしてお客様からお叱りを受けたら、社長が先に立って謝罪する。

それが会社の代表者や上司のあるべき姿だと思う。責任を部下に押し付けて逃げ回る上司などは言語道断だ。

お客様、関連会社に対する姿勢も同様だ。

人と人の絆こそが、日本人のビジネスの基本である。

私は契約を取るために相手先に「お願いします」と頭を下げたことがない。それは自分の仕事にプライドを持っているからでもあるが、相手先にしても、信頼関係のない者からいくら泣きつかれても迷惑なだけだからだ。

「お願いします」と頭を下げて、「ノー」と言われたら、それで商談は終わりである。

だから営業は、相手との信頼関係を深めることを優先している。自社の商品やサービスの話はほとんどしない。

相手を知り、自分を知ってもらうために、端からみれば「雑談」としか見えない会話に終始する。それによりお互いの距離が縮まると、相手からちょっとした頼まれごとを受けることがある。それは自社の本来の仕事と関係のない依頼である場合も多い。

しかし、私はどんな依頼にも「ノー」とは言わない。よほど無理な注文でもまずは引き受ける姿勢を見せる。

相手の口から発せられたにせよ、自分から言ったにせよ、「ノー」という言葉は会話の終わり、ビジネスの終わりを告げる。どんな小さな「ノー」も相手から聞かされることなく、自分からも言い出さないように心がける。それがビジネスのきっかけになるのだ。

実際、サンフェローの人材派遣業はそんな営業手法によって拡大した。業務機器のメンテナンスや飲食業は、お客様からの依頼を引き受けた結果広がった業態である。

サンフェローがいま力を入れている介護事業も、「ちょっとした頼まれごと」から生まれた。

新しいコンセプトの介護施設を計画していた方を手助けしたのがきっかけだ。

その介護施設のビジョンに私は感銘を受けた。従来の施設のような「みんなで一緒に」というスタイルではなく、利用者が各自に適したリハビリメニューやリクリエーションを選んで、それぞれに日課に従って一日を過ごすというのがそのプランだった。

これまでいくつもの介護施設を見学してきた私は、退屈したり、元気のないお年寄りの姿を見るにしのびなかった。

しかし、この計画は違った。これなら利用者が元気を取り戻せる――とそんな思いから〈デイサービス　サンフェローみぶ〉は生まれた。しばらくは手探り状態が続いたが、当初の確信どおりその運営スタイルが評判を呼び、一年過ぎたころから利用者が急激に増えた。

人の縁から始めた事業だが、この仕事は「関わりをもったすべての人々が幸せになってほしい」と願う私の心情にも合致していた。

お年寄りや身体の不自由な方々が元気で明るい表情を見せ、「家に帰りたくない」と口々に言う新しい介護施設が誕生したのである。

私はこれまでたくさんの人々に助けられてここまできた。その恩返しだと思って周りの人々を支えている。そうした「おかげさま」の輪が広がれば、世の中はもっと暮らしやすくなるだろう。

人との絆を大切にし、「おかげさま」の精神で進める会社経営は、いまどきの風潮ではないかもしれない。そこにはＩＴ企業のような濡れ手で粟の商売はなく、アメリカ流のシビアな雇用関係もない。

しかし人との絆で結ばれた組織は強い。

私はここ足利の地から「おかげさま経営」の輪を広げて行きたい。

人の和で幸せを広げるおかげさま経営

目次

はじめに　3

序　章　介護施設の新しいかたち　17

一年半で黒字転換を果たした〈サンフェローみぶ〉　18
利用者が元気になる施設をめざして　19
自由な雰囲気と明るさ　21
お年寄りの笑顔の輪を広げたい　24

第一章　マイライフ・マイビジネス　27

足利市に生まれて　28
「男気」を育んだ青春時代　29
営業の才能に目覚める　33

CONTENTS

どん底から這い上がる　37
父の稼業を受け継いで　37
莫大な借金がのしかかる　39
ダブル借金生活に突入　41
貧窮生活の悲哀　45
派遣会社に入社　47
誤解を受けて解雇される　49
個人経営からのスタート　51

私の営業手法　54
私の営業ノウハウ　54
飛び込み営業で磨いた直感力　55
ターゲットを絞り、ピンポイントで営業　57
帰り道でも飛び込み　59
営業トークはしない　60

「お願いします」と言わない　62
ノーと言わせない、ノーと言わない　64

イン・マイライフ　67

生きるとは人を幸せにすること　67
苦しい中で気づいた「人生は考え方しだい」　68
自分の才能を見出すには　70
友人は自身を映す鏡　72
うらやみ、ねたむ気持ちは成長のチャンス　73
釣りは「天職」　75
ハーレー乗りの幸福　77
コミュニティ誌のコラム連載は偶然の再会から　79
ささやかでも続けたいボランティア　80
番頭さん、ありがとう　83

CONTENTS

第二章　サンフェロー株式会社のいま　87

サンフェローという会社　88
人との信頼関係こそが日本のビジネスの基礎　89
相談事や頼み事を親身に聞く姿勢　91
派遣スタッフとの垣根を低く　92
会社はひとつのチームである　94
将来のビジョンを見据えた社名とロゴ　96
異業種や海外にも目を向けて　99

人材派遣事業のいま　103
面接から派遣まで任せられて――菊地雅幸　104
新井社長とのめぐりあいから――高江洲リカルド　108
変わらない明るさと活気――山藤靖子　110
フレンドリーな社風――有住遥子　111

飲食事業のいま　112
チャレンジ精神を発揮できる会社――小林信久　113
業務用機器事業のいま　117
前職の経験を生かして――大塚正勝　119

第三章　元気な介護施設をめざして

デイサービス サンフェローみぶ　124
挫折を乗り越えてつかんだ成功　125
理想の介護サービスとめぐりあって――瀧口まゆみ　129
なぜこの施設は喜びにあふれているのか　134
成果が物語るコンセプトの正しさ　134

CONTENTS

サンフェローみぶの利用方法　136
奉仕の精神がなければできない仕事　138
施設・設備への投資　140
本格的なブラックジャック台をオーダー　143

サンフェローみぶのプログラム　149
利用者自身がリハビリメニューを決める　149
機能改善に役立つ数々のメニュー　151
スタッフの負担も大きい「自己選択、自己決定」のシステム　153
利用者のやる気を高める施設内通貨「フェロー」　155
刺激のある環境で障がいも改善する　156
スタッフの理解を得て新しい試みを推進　159
二号店そして「サ高住」へ　163

スタッフ、利用者の声　165

日々喜びに出会う仕事――齋藤沙智絵　165
大切な人に紹介したくなるお客様本位の施設――蔭山むつみ　168
食事にも配慮していただいて――上原節子　172
週三回通うこの時間が楽しい――杉本廣　173
私たちが心をこめてサポートします　177

あとがき――本書の執筆にあたって　176

序章　介護施設の新しいかたち

一年半で黒字転換を果たした〈サンフェローみぶ〉

平成二七年六月に開設した介護施設〈デイサービス　サンフェローみぶ〉は、一年半後に黒字転換を果たした。

これも、新しい介護施設のありかたを示した瀧口まゆみ施設長はじめスタッフの方々の尽力のおかげであり、まずは皆様に感謝申し上げたい。

介護事業に関しては素人の私。案の定、開設してしばらくは手探り状態が続いた。しかし理想の介護施設を作るという熱意だけは誰にも負けなかったので、スタッフのみなさんと知恵を出し合い、資金面、運営面での協力をおしまなかった。

その甲斐あってか、施設の運営方針や活動内容が利用者やケアマネージャーの間で評判を呼び、一年後から登録者が急激に増加した。登録者の施設利用回数が多いのも当所の自慢で、いまや施設のキャパに迫っている。

なぜ〈サンフェローみぶ〉は人気があるのか。

それは、周辺の施設には見られない活気と笑顔がここにはあふれているからだ。

私はその活気と笑顔をもっと多くのお年寄りに分け与えたいと願う。そのためにも、この施設の充実と運営ノウハウの確立を当面は目指すつもりだ。

利用者が元気になる施設をめざして

私は栃木県足利市で人材派遣業の会社を興し、いま周辺エリアで事業展開している。派遣事業を足がかりに、さまざまな人との出会いから業務用機器のメンテナンス事業、レストラン、カフェの飲食事業にも携わり、いずれも軌道に乗せている。

介護施設の開設も、ある人との出会いがきっかけとなった。

しかしそれも、私が以前より介護事業に関心を寄せていたことによる天の配剤ではないかと考えている。

私の母は、パンの販売店を営業しながら、自身の両親、義理の父親、私の父の看取りをしてきた苦労人である。

看取りを受けた人たちは、みな感謝の言葉を口にしながら旅立って行った。私も父の死を看取ったが、死に際の父の、「ありがとな」という言葉が忘れられない。店を切り盛りしながら病に伏した人々の世話をかいがいしく行う母の姿は神々しく、私にはとても真似できるものではなかった。しかし、そんな介護に携わる人々を手助けし、その苦労を少しでも軽減する仕事ならできるのではないかと常々感じていた。しかし、後ほど紹介するように、二十代、三十代の私は自分と家族の口を糊するのに精一杯で、とてもではないがよそのお年寄りを手助けする余裕などなかった。

人材派遣の仕事が軌道に乗ると、地域で顔も広まり、さまざまなつきあいの中で、選挙応援のために介護施設を訪問する機会が多くなった。

施設の設備を見学し、職員やお年寄りと話を交わすうち、それらの施設に共通した傾向に私は気づいた。

お年寄りの顔に笑顔がないのだ。そのため、リハビリやレクリエーションなどの活動に生気が感じられない。

さらに言えば、ほとんどのお年寄りが自宅に帰りたがっている。

これは大きな問題ではないかと私は感じた。

施設の職員は、人出不足の中、一生懸命やっている。しかし、画一的な施設のシステムが、お年寄りの顔から笑顔を奪い、身体から生気を失わせているのだ。

私は介護施設の仕組みを変えられるような能力もアイデアも持ち合わせていないが、このような介護施設のありかたをなんとか変えられないものかと常々考えていた。


そんなとき、お会いしたのが〈サンフェローみぶ〉の現施設長・瀧口まゆみさんである。

自由な雰囲気と明るさ

初めてお会いしたとき、瀧口さんはすでに理想の介護施設の建築計画を進めていた。

そこに空調設備、厨房設備などを納入していたのが私の会社である。

しかし、計画は頓挫してしまった。

依頼した建築業者の素姓が悪かったせいである。

各自がそれぞれのメニューに取り組む。笑顔があふれる

瀧口さんは施設の実現をあきらめかけていたが、ここが男気の発揮しどころと私が声をかけた。もちろん、その計画が、私が考えていた介護施設のあり方に一致していたことが大きな理由だ。

〈サンフェローみぶ〉は、要支援、要介護の認定を受けた方々のためのデイサービス施設である。

その特徴をひとことで言うと、リハビリやレクリエーションのメニューを利用者自身が選べるということ。

通常の介護施設では、リハビリや体操、レクリエーションなどが、利用者のほぼ全

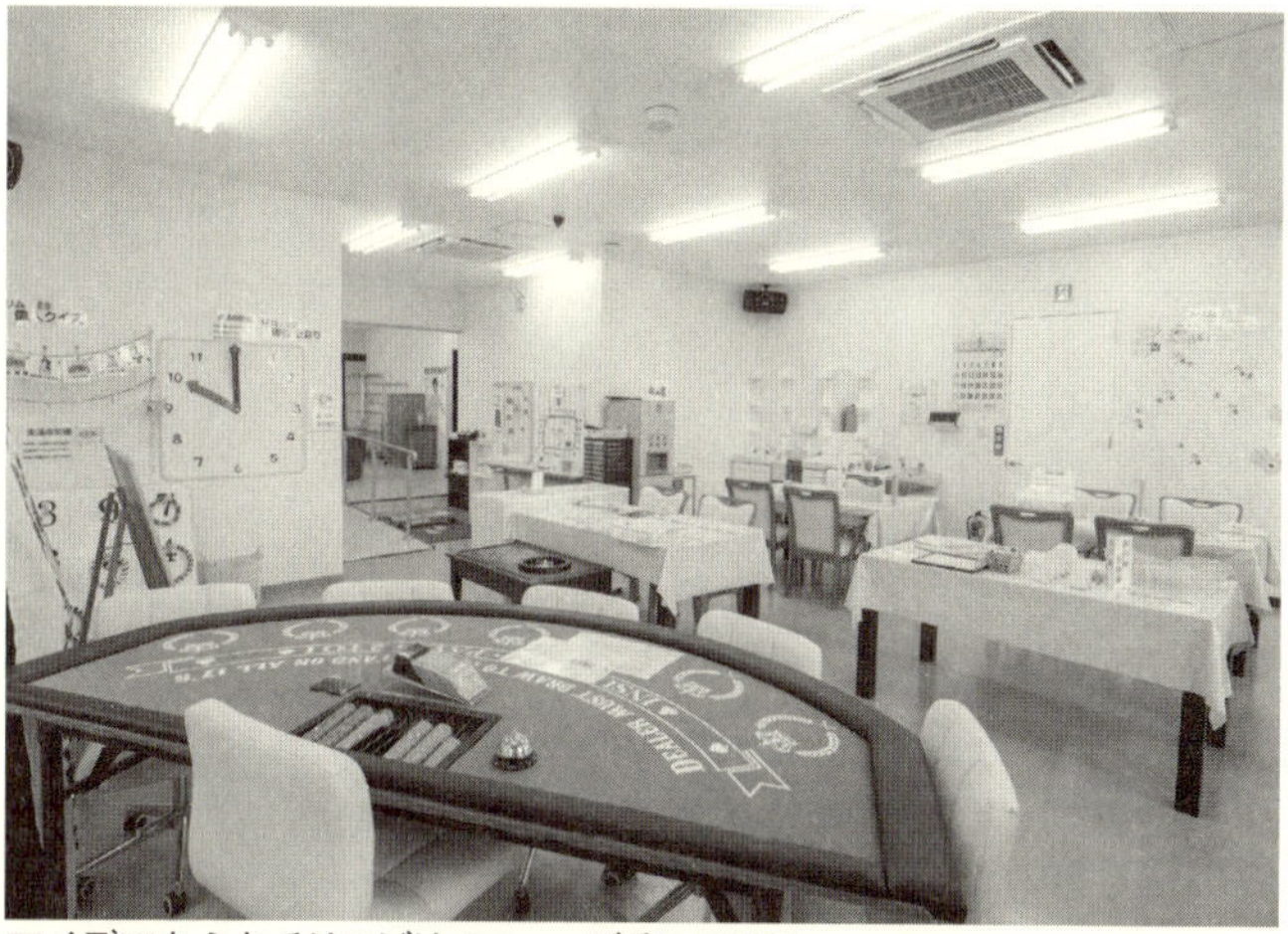

アイデアあふれるリハビリメニューがそこここに

員を対象に行われる。しかし、「みんな一緒」というそのやり方になじめない人も多い。さらに、そのメニューが障がいのタイプに合わない人もいる。

〈サンフェローみぶ〉は違う。

利用者は、それぞれ自分のメニューに従って別々のことをしている。

こちらでは塗り絵をしている女性がいれば、その向こうではマッサージを受けている男性がいる。リハビリのための数字合わせゲームに熱中している人もいれば、スタンプラリーに興じている人々もいる。

施設のスタッフは、あるときは運動の手

助けをし、マッサージをし、あるときはただ利用者個々の活動を見守っている。

私はしばしば施設に顔を出し、スタッフをはげまし、利用者と会話を交わすが、つくづく感じるのは、

「お年寄って、こんな明るい顔になるんだ」ということ。

これまで見てきた施設とはそこが明らかに違う。さらに、その日の終了時間が迫っても、みななかなか家に帰りたがらない。

そんなお年寄りの姿を拝見するにつけ私は、思いきってこの施設造りに参画してよかったと、喜びをかみしめるのである。

お年寄りの笑顔の輪を広げたい

最近、〈サンフェローみぶ〉のうわさを聞いた他の施設の職員が見学に来ることが多くなった。そんな人々が驚くのは、やはりこの施設の自由さと元気さである。そして自分たちの施設にも取り入れたいと帰って行くのだが、既存施設の制約が大きく、実行に移すことはなかなか難しいようだ。

その点同所は最初からそのコンセプトを掲げ、ゼロから造ったので、一年半たった現在、運営は順調である。

しかし、このまま利用者がどんどん増え続けると、この施設の規模では受け入れるのが困難になる。当然二号店を考えなければならない。

二号店といっても、入れ物だけ増やせばよいわけではなく、スタッフも採用しなければならず、新しいシステムに対応してもらうための教育も必要となる。

〈サンフェローみぶ〉のキャパは迫っているが、問題は山積みである。

しかし、一年半前にこの施設を開設したときも、しろうとの私にとってはまったく新たな挑戦だった。それを思えば、ある程度ノウハウも得たいま、それができないはずはない。

なにより、「この施設に通いたい」という利用者がいるかぎり、また、ここに来て元気な笑顔を見せるお年寄りがいるかぎり、私は喜んでチャレンジを続けるつもりだ。

「お年寄りの笑顔の輪を広げる」

それがいまの私に課せられた使命だとも感じている。

第一章

マイライフ・マイビジネス

足利市に生まれて

私は昭和四三年二月に栃木県足利市で生まれ、生涯の大半をこの地で過ごしている。

足利といえば、誰もが思い浮かべるのは「足利尊氏」「足利学校」だろう。最近では、八月初旬に開催される「足利花火大会」も、旅行雑誌の「行ってよかった花火大会ランキング」で関東エリア第一位に選ばれるなど、知名度が高い。

とはいえ、同じ栃木県内の宇都宮市、栃木市、佐野市などと比べて地味であり、隣接する群馬県太田市、館林市などと比較しても印象が薄い。特に近年、佐野市のゆるキャラ「さのまるくん」と群馬県の「ぐんまちゃん」が立て続けにグランプリに輝き、間にはさまれた足利市は肩身の狭い思いをしている（ちなみに、足利市には「たかうじ君」というなかなか個性的なキャラがいる）。

そんなＰＲベタな足利市とその周辺の地域の人々に支えられて、私は会社を興し、まだ小規模ながら堅実に事業を広げている。

サンフェロー株式会社は、いま足利周辺の地域にスタンスを置いているが、私はこの土地にこだわるつもりはない。ここから出発して全国へ打って出ることが、地域の人々の恩義に答えることになると考えている。

「男気」を育んだ青春時代

家族は団地暮らし。父はサラリーマン、母は自営でパン屋を経営していた。

母のパン屋は、食パンや菓子パンを大手製パン会社から仕入れ、食パンをサンドイッチにするなどして販売するという、昔懐かしい時代のパン屋さんだった。

コンビニが進出する以前だったので、パンはよく売れ、シャッターを開けるとお客さんが行列を作っていたこともあった。私の高校時代が最も店が繁盛していたように思う。その後はフランチャイズチェーンの波がこのあたりにも押し寄せ、お定まりのパターンで店は衰微した。

頑張り屋の母は、店に客が呼べなくなると、周辺の学校に営業をかけて、昼時にパンを販売していた。

母はパンの営業を数年前まで続けていたが、その間、両親や義理の父、私の父の看取りをしていた。

店を他の人にまかせて病院に出かけていくのが、母の日常だった。


団地暮らしだったので、子ども時代は近所の友だちと外で遊んでいた。

団地の後ろに小高い山があり、木登りしたり、ヘビをつかまえたりと、典型的なわんぱく少年だった。

中学はバスケットボール、高校は二年までハンドボールの部活で汗を流したが、高校時代の後半はもっぱら「遊び部」で活動していた。

北関東の気風がそうさせるのか、時代の気分だったのか、中学、高校時代は、生徒も先生も気性が荒かった。

友だちには不良が多かった。というより、中学生、高校生は誰もがみんな普通に不良だったのだ。

遊び仲間の中には悪い薬を使っている者もいたし、自宅のベランダである種の「草」を栽培していた者さえある。

私はそんな友だちを諭したり、遠ざけたりはせず、友だちがけんかにまきこまれれば助太刀にも行った。しかし、「組」や「族」といったグループに近づくことはなかったし、自分なりに「これ以上はまずい」と思ったことには手を出さなかった。「ここまで」という一線を引いていたのだ。

おかげで、けっこうやんちゃをしていたが、問題を起こすこともなく、一度も停学になったことはない。

当時、足利市周辺では高校生を対象に「バイクの3ない運動」を実施していた。これは「免許を取らせない」「免許を貸さない」「バイクに乗らせない」という運動だった。

しかし、そんな押さえつけに反発し、私は一六才になるとすぐ日傭いのアルバイトでお金を貯め、教習所に通った。

もちろん足利市では通えないので、すぐ隣の群馬県太田市に出向いた。

太田市の教習所でも、「おまえ、高校生か」と尋ねられたが、「無職です」で通して無事中型免許を取得。すぐバイクを買って乗り回していた。

わずらわしい組織に加わることもなく、私は仲の良い友人と走りを楽しんだ。その爽快感はなにものにも代え難い。おかげで私のオートバイ熱はいまもさめていない。

親友も悪友も、私には大切な友人だった。なああで流されることはなかったが、困っている友人があれば手助けした。

人とのご縁を大切にする「おかげさま」の精神は、ここ足利の風土で育まれたのかもしれない。

営業の才能に目覚める

商業学校を卒業したので、自然のなりゆきで東京の大原簿記専門学校に入学した。

税理士の仕事をめざした時期もあり、働き口もそこそこあったので、会計事務所の募集で面接も受けた。

しかしそこで見た光景が私には衝撃だった。

ずらりと並んだ机に職員が向かい、電卓やソロバンでひたすら計算にいそしんでいるのだ。もちろん誰一人しゃべらない。

「これはダメだ、向いていない」と私はすぐに悟った。

そして一年で専門学校をやめてＵターンした。


当時は高卒で専門学校中退でも、営業職は引く手あまただった。

最初に就職したのは、足利の有力企業でアジア各国にも進出している㈱板通という工業用塗料・薬品などの専門商社で、営業兼納品の職についた。

このとき三洋電機㈱（現・パナソニック）を主に担当していたが、それが後の事業経営の糧となった。

ルート営業だったので飛び込み営業や新規開拓はなかったが、私はそこで担当者との信頼関係を深めることに力を注いだ。仕事とは関係ない頼まれごとに応じたり、逆に、こちらの営業成績がかんばしくないとき、多少の無理を聞いてもらったこともある。

そんな働きがその後の仕事上の長いおつきあいにつながった。

人のために尽くせば自分にも返ってくる。逆に、人に恩恵を受けたら必ずお返しする。その繰り返しで人との縁は深まり、お互いがよい方向へ発展する。人生最初の営業活動で私は、「おかげさま」の精神に気づかされたのである。

ところで板通では、私の趣味人生に大きな影響を与えた人との出会いもあった。上司だった塚越さんは、私がハーレーダビッドソン乗りになるきっかけをつくってくれた恩人である。

ハーレーの話は後に譲るが、仕事でも私生活でも、最初の勤め先から私は人間関係に恵まれていたようである。


板通では四年。

その後、OCS（オフィス・コーヒー・サービス）の会社に転職。事業規模一五〇人以上の事業所に営業をかけ、コーヒーのサーバーを納品する仕事をした。

今度の仕事は、関東全域をエリアとし、どの会社や事業所へ行くのも自由な開拓営業で、成績が報酬に結びついた。

私はすぐに結果を出した。

入社してしばらく後、給与の計算をしている経理の担当者から、「なんでこんなに仕事が取れるの？」と驚かれたことがある。

また支店長から、「今月、部のノルマが達成できそうもないから、少し回してくれない」と頼まれたこともあった。

自信をつけた私は新規開拓の営業感覚を磨いた。

営業社員は月に七、八件のノルマがあったが、その数は毎月最低でもクリアし、月の前半は当月の仕事、後半は来月の仕事をするという日々が続いた。

基本的にはどこへ行ってもかまわないというルールだったので、以前からなじみのある三洋電機にも声をかけた。

以前の会社でコミュニケーションを深めていたので、スムーズに仕事が取れた。

当時三洋電機は絶好調で、足利工場は三万七〇〇〇人の従業員を抱えていたので、つながりを大切にしていたことが役立った。

その後、三洋電機の方々には人生の節目節目で救いの手をさしのべられることになる。

どん底から這い上がる

父の稼業を受け継いで

二七歳のとき、私はＯＣＳの会社をやめ、手焼きのせんべい屋を始めた。

この話をするとみんな「なぜ、急に」と驚くが、せんべい屋は父の実家の稼業だったのだ。

父はサラリーマンなのでせんべい屋は休業状態だったが、定年退職したら店を復興させたいと常々語っていた。

「それならオレがせんべい屋を始めるから、定年後に引き継いでくれよ」と私は提案して、父からせんべい作りのてほどきを受けた。

私がそんなことを言い出したのにはいくつか理由がある。

第一に、これまで親孝行らしい親孝行もしなかったので、ここらでひとついいところを見せようと思ったこと。

第二に、私の潜在的な欲求。

小学校の文集に「将来の夢」として「社長になる」と私は書いていた。

成人してそんなこともすっかり忘れていたが、会社勤めを経験し、組織の一員として上司に命じられるままに働くことが息苦しくてしかたなかった。

外に出て人と会い、話をまとめる営業職は性に合っていたので、自分のために営業して稼ぎ、小さくてもいいから会社を興したいという希望を、いつも胸の中に秘めていたように思う。

自営のせんべい屋はいいチャンスだと思った。

自分の中では、サラリーマンをやめた父がせんべいを焼き、私が営業して売って回るという理想像を描いていた。

ところが商売を初めて二年ほどたったとき、父はあっさりガンで亡くなってしまった。

五六歳だった。

計画が大幅に狂い始めた。父がサラリーマンで稼いでいた分が私の両肩に乗った。

そこから私の金銭的な暗黒時代が始まる。

莫大な借金がのしかかる

二十代後半で、私は勢いだけで何でもできるという錯覚にとらわれていた。

しかし、実際は無力な青二才にすぎなかった。

営業は得意だったので、商品の販路は作ったが、経営についてはしょせんしろうと。十分な利益を生むことができなかった。

店ではこだわりのせんべいを作っていた。米を搗き、型で抜いて、天日干しし、炭火で焼く。デパートなどに商品を持ち込むと、当時のスローフードブームに乗って、ある大手百貨店では中元や歳暮の品として取り上げていただき、また他の百貨店では販売用のブースまで設けさせてもらった。

せんべいを作って営業をかけ、販売まで一人でこなすので、仕事は忙しくなった。しかし忙しくなればなるほど、睡眠時間が削られた。販売のために人を雇うと、利益が削られた。

それでも日銭を稼がなければならないので、睡眠時間一時間半という過酷な日々を送っていた。


そんなある日、百貨店に商品を届けた帰り、母の切羽詰まった声で、

「すぐもどって来て」と携帯に電話があった。

なにごとかと急いで帰宅すると、家には悪名高いノンバンクの借金取りが……。


父と母はとても仲が良く、父の死後、母は長い間うつ状態に陥っていた。

魔が差すとでも言うのだろうか、母はその時期に、近所で親しくしている知人の連帯保証人を引き受けてしまったのだ。

その金額、二〇〇〇万円。しかも金利は約三〇%。

家に帰って私は借金取りと闘った。

「そんなお金は払えないよ」とつっぱねたものの、連帯保証人になった弱みはこちらにあり、相手方はそこをついてくる。

必死の交渉の末、ノンバンク側も折れ、金利一五％で手を打つことになった。

せんべい屋を始めるにあたって、設備投資などで私はすでに二〇〇〇万円の借金を抱えていた。

そこに新たに二〇〇〇万円の、しかも高金利の借金が重なった。

月五〇万の返済を続ける日々が始まったのだ。

ダブル借金生活に突入

莫大な借金の返済には、せんべい屋の稼ぎだけでは足りないことは目に見えていた。

それまでも睡眠時間一時間半の生活を続けていたが、もっと効率的に稼がなければならない。

そこで考えたのが、一時期携わっていたことがあるトレーラーの運転である。

この仕事は二四時間勤務で、翌二四時間まるまる休みをもらえる。トレーラーを一日運転して、翌日はせんべいを焼く。こうすれば、二倍と言わないまでも、効率よく稼ぐことができる。

私はすぐに実行に移した。

一日おきのせんべい屋が始まったのである。

トレーラーの稼ぎは悪くなかったので、なんとか借金を返せるようになった。

とはいえ返済は遅れがちだった。

借金取りが押しかけてくるノンバンク側の借金の方が恐かったので、どうしてもそちらが優先になる。

事業資金の融資元である金融機関に返済の見直しを願い出て、返済期間を延ばしてもらったが、それでも月々の返済が滞る。

借金の返済が優先となり、電気やガスを止められることもしょっちゅうだった。

三十代前半が特にきつかった。

十分な栄養が取れず、しかも働きづめで、私自身の身体も悲鳴をあげていた。

一年間に肺炎を二回わずらったことがある。

病院では先生に、

「肺炎というものは、あなたのような若い人のなる病気ではない」とあきれられた。

そして入院を勧められたが、仕事を休むわけにはいかないので、太い注射を打ってもらってしのいだ。

健康保険が失効している期間もあったので、そんな時は多少具合が悪くても病院に行かずに我慢した。

そしてついに疲労は限界に達し、ある朝、布団から起き上がれなくなった。

なんとか仕事場に立っても、体力も気力も続かない。

その日の食事にも事欠く生活に陥った。

私には妹がひとりいる。

私がせんべい屋を始めたころにはすでに結婚していたが、夫のＤＶを受け、小学生の子どもを連れて家に帰ってきていた。

身の危険を感じて避難してきたのだった。

私はそのＤＶ夫に話をつけに行き、妹をわが家に引き取ったのだった。

そんな時期に、日々の食費も捻出できない生活である。

大人は我慢できるが、子どもには食べさせなければならないので、財布にいくらかでもあれば、コンビニで一人前のごはんとからあげなどを買い、その子に食べさせていた。

電気も止められていたのでロウソクの火で子どもだけが食事しているという異様な光景だった。

あるとき甥っ子が尋ねた。

「みんなは食べないの」

「もう食べたから大丈夫」と答えると、甥っ子は言った。

「お誕生日みたいで、こんなのもいいね」

子どもにしてみれば、せいいっぱい気を使った言葉だったのだろう。

しかし、私はハンマーで頭を殴られたような気がした。

そのとき、スイッチが入った。

「子どもにまで気を使わせて、オレはなにをしているんだ。もっと稼ぐために中途半端なことはしていられない」

貧窮生活の悲哀

最低の生活を経験して私は、お金に苦しむ生活は一刻も早く抜け出さなければならないとつくづく思った。

貧窮生活を送っていると、大事にしていた知人、友人が離れていく。また、私の方から切ってしまった関係もある。

足利市はバンド活動が盛んなところで、私も二十代半ばからビートルズのコピーバンドでベースギターを担当し、ライブハウスなどで演奏していた。

しかし、借金に追われる毎日ではそんな余裕もなく、ベースも質入れして手放した。バンドのメンバーにも「迷惑をかけるから」と事情を説明して脱退した。

食べることに必死で、仲間とも疎遠にならざるをえない。

それがどん底生活なのである。

脱退してからバンド仲間とは疎遠になっていたが、最近ときどき会って昔話に花を咲かせている。

リーダーはいまでもバンド活動を続けているが、私は長い間演奏していなかったので、昔のようにバンドに加わることはできない。

ちょっと残念である。

そんなささいなことからも私は、周りの人々に経済的な苦労や心配だけはさせてはいけないと強く思うのである。


ところで、貧困生活に巻き込んでしまった甥っ子は、いまは立派に成人して会社勤めをしている。

親思いのこの子は、高校を卒業して就職するつもりでいたが、

「大学へ行きなさい」と私は勧め、多少の資金援助もさせてもらった。

経済的にも精神的にも追い詰められていた妹も、いまはすっかり明るさを取り戻している。

派遣会社に入社

甥っ子のひとことで吹っ切れた私は、父の仏壇に向かい、

「おやじ、おやじのために始めたせんべい屋だけど、ごめん。もういいかな。家族を食わしていける仕事を探すよ」

と手を合わせた。

そして、すぐに稼げる仕事を探し始めた。

三五歳だった。

そのころ、この地域で羽振りがよかったのが派遣会社である。

特に足利周辺は自動車や家電メーカーの大規模工場が立地し、派遣社員は引く手あまただった。

派遣会社の営業なら、成果給でやればやっただけ稼げるのではないかと私は考え、すぐに北関東をエリアにしている派遣会社に入社した。

そのころ、借金返済の遅れが続いたため、実家を手放して精算したらどうかという提案も受けていた。私は、

「自営業をやめ、稼ぎのよい会社に就職したので、月々間違いなく返済するから」と金融機関を説得し、どうにか実家を死守した。

法的解決も……という状況だったが、あきらめずに粘り強く交渉してよかったと思っている。

営業は私の得意とするところである。

派遣会社では、入社二カ月後にはもうトップセールスマンになっていた。

人と会って話をし、相手のためになる提案をして喜んでもらえる……、そんな営業現場が大好きなのだ。

さらに、ここでの仕事には自営業の経験が生きた。

金銭のやりくりで苦しんだので、他のセールスマンと違って、会社の利益を確保するにはどうしたらよいか常に考えるくせがついている。

また、クレームが発生すると他の社員は上司に泣きついて同行してもらうが、自分のことは自分で始末する自営業でもまれた私は何事もひとりで解決してしまい、報告だけあげていた。

私の仕事のしかたを見て、会社の上層部は、

「あいつは顧客を引きつれて独立するつもりではないか」という疑いさえいだいていたようだ。

それが後に私の退職原因にもなるのだが、自営業の苦しさを身をもって体験した私にしてみれば、好きなことをやって給料をもらえる生活はこの上ないもので、わざわざ独立して苦労しようなどという考えは、当時はみじんもなかった。

誤解を受けて解雇される

入社一年目のことだった。

新入社員が入り、上司が、

「新井、おまえの顧客を新入りに引き継いでくれ」というので、その手続きを進めていたところ、そのうちの二社から会社に、

「新井さんを担当からはずすと、取引をやめますよ」という電話が入った。

私は上司に呼ばれ、

「おまえはどういう仕事のしかたをしているんだ」と問い詰められた。

会社側は、私が顧客を抱え込んで自分のものにしようとしていると誤解したのだろう。

私は「一生懸命やっているだけです」と答えるしかなかったが、

「一カ月様子を見て、考え方を変えないようならクビにする」と通告された。

結果、身に覚えのない疑いをかけられ、私は解雇された。

三六歳になっていた私は、就職活動して他の派遣会社に雇ってもらえなければ、独立するしかないかと腹をくくった。

案の定、再就職はかなわず、私は独立の道を余儀なくされたのである。

個人経営からのスタート

独立して派遣会社を始めるなら、以前の会社でお世話になっていた顧客を引っ張るのがてっとりばやい。

しかし、私はそこは筋を通すことにして、半年は声をかけずに我慢した。

それでも、私が初めて就職したころからおつきあいがあり、前の会社でも派遣業務の担当だった三洋電機の方が独立話を聞きつけ、取引口座を開いて仕事をあてがってくださった。そのさい、派遣スタッフも付けていただいたのだが、当初の給料は自分の失業保険から支払った。

相変わらず借金生活は続いていたので、独立当初はとにかく経費を削りつつ、顧客開拓しなければならなかった。

事務所はもちろんなく、自宅をオフィスとした。

自動車は持っていたが、燃料費を節約しなければならないので、ピンポイントで営業先を狙って一日一社口説きに行った。

高い確率で仕事が入ってきた。

このとき私は自分の営業センスに自信を深めた。


派遣先が決まっても、派遣スタッフを集める資金がなかった。

そこで最初のスタッフは人づての紹介で調達した。

その仕事の報酬が入ると、スタッフ募集の広告費に回して新しい人材を集めた。

まさに自転車操業だったが、仕事が尽きなかったのでやりがいがあり、楽しかった。


独立して半年後には事務所を持ち、一年後には株式会社となった。

株式会社となったころ、提携企業が急激に増え、業績も急伸した。

そしてついに借金生活から脱出を果たした。

五〇〇万円ほどの残額を金融機関に持参し、一括返済したときはほんとうに晴れ晴れとした思いだった。

そのとき、あれほど強く返済を迫った担当者が笑顔で残金を受け取り、「ありがとうございました。またご利用くださいと言ったのは、今となっては笑い話である。

私の営業手法

私の営業ノウハウ

会社勤め時代に私は営業センスを磨いた。

営業成績は常に上位だったから、仕事の進め方は間違っていなかったのだろう。そのとき身につけた営業手法が、やむなく自身で会社を興し、資金もないなかひとりで営業活動を始め、窮地を切り抜けるのに大いに役立った。

大企業で全国トップの成績というわけではないから、そんなに偉そうなことはいえないが、そこそこの成績を残すための自分なりの営業ノウハウは身につけているつもりである。

例えばこんなことだ。

一、ターゲットを絞り込み、効率よく成果をあげる。

二、営業トークはしない。「お願いします」と言わない。
三、お金にならない頼まれ事でもことわらない。
四、人との結びつきを深めることを第一に考える。

飛び込み営業で磨いた直感力

会社勤めのころ、私は飛び込み営業をさかんにしていた。

最初は手当たり次第訪問するのだが、経験を積むうちに、建物を見て、「あ、これは取れそうだ」という直感が働くようになった。

足利近辺はビルらしいビルもないので、工場の建屋や小さな事務所ビルだが、看板や職種、中の様子などを見て、なんとなくその建物が発するオーラのようなものを感じ取れるようになるのだ。

そうなると成約の確率も高くなり、当初は二〇軒も三〇軒も飛び込んでいたものが、一日一〇軒程度訪問すれば月のノルマははるかに超える成績をあげることができた。

つまり、ターゲットを絞り込むセンスが磨かれたのである。

ターゲットを絞り込めば仕事の効率が上がり、ラクして好成績をあげることができる。飛び込み訪問はつらい仕事であり、誰しもできるなら避けたい。私もそうだったので、なんとか成約率を高め、その数を減らしたいと考えながら、日々営業していた。それが直感力を育てるのに役立ったのだと思う。

直感力はもちろんビルの見かけだけにはたらくのではない。

その会社の受付、社内の雰囲気を見れば、成約の予感は高まる。さらに、初対面の担当者とふたことみこと交わせば、予感は確信に変わる。

私は、体育系のスパルタ企業のように、むやみな飛び込み営業を勧めているのではない。

成果の出ない営業活動でも、くさらずあれこれ工夫しながら真摯に取り組めば、直感力や判断力、さらに相手に納得させる話術も自然に身につくと言いたいのだ。

どんな仕事でも、取り組み方しだいで自分磨きに役立たせられるのである。

ターゲットを絞り、ピンポイントで営業

ターゲットに狙いをつける感覚は、資金がほとんどない創設当初の営業活動に役立った。

個人で営業を始めたころは、車のガソリン代も節約しなければならなかったことはすでに述べた。

方々の会社を訪問するために車で走り回るのももったいないので、ピンポイントで相手先を絞って一日一社訪問するのである。

派遣会社だからなるべく大勢のスタッフを送り込める企業を選びたい。そうなると、工場の働き手などの募集がある製造業が主となった。ニーズがあっても一人二人の五月雨式受注になる販売業は避けた。当社の人材も揃った現在では、もちろん販売業へのアプローチも積極的に行っているが、当時はそれどころではなかった。

このようにまず業種でターゲットをしぼった。

次に、そのころまだたくさんあった電話ボックスに籠もり、電話帳をめくって企業を

探した。

大会社は部署ごとに電話番号が載っていたので、上から順番に電話をかけた。すると興味を示してくれる人が必ずいる。

「ああ、じゃあ話だけでも聞いてやるよ」と言ってくれればしめたものだ。アポイントを取って、その日はその会社の攻略に向かうのである。

もちろん会ってくれたからといってすぐ仕事に結びつくわけではない。「たまたまヒマだから、話を聞いてあげる」というだけの人も多かった。

しかし大会社は、一度社内に入ってしまえば隣の部署に行って、

「いま、隣の○○さんのところで話をしてきたんですが」と、別の担当者に会うことができる。

そうやって顔を広め、知り合いを作っておけば、やがてそれが仕事に結びつくのである。

セキュリティがやかましくなった現在では難しくなったやり方かもしれないが、当時はそのようにして顔を売り、しだいに社内に食い込んで、優良企業から派遣の仕事を次々

と取った。

帰り道でも飛び込み

一日一社訪問といっても行き帰りの道のりをムダにする手はない。

そんなとき、飛び込み営業の直感力が発揮された。

帰りがけの車から街を観察していて、

「あのビルはなんとなく行けそうだ」とピンと来る。

そんな勘がはたらくと、車をとめて飛び込みをかけるのだ。すると、かなりの確率で仕事が取れた。

ふいを突かれて、相手もつい心を許してしまうのかもしれない。

名前も知られていない、信用もない、営業資金もない、そんな個人経営の会社が仕事を獲得するには、それなりの工夫が必要だ。

しかし、そんな努力が成果につながる喜びはなにものにも代えがたい。

苦境のなかでも、私はけっこう楽しく営業活動を続けていた。

営業トークはしない

私はいわゆる「営業トーク」はしない。

そんなことで契約が取れるわけはないだろうと思われるかもしれないが、実際そうだったのだからしかたない。

もちろん初対面で会社の紹介はする。

しかし、ある程度の実績を残している現在ならともかく、たった一人ではじめたばかりの会社では、誇れるような話はなにもない。ほんの二、三分で言うべきことは言い終える。

その後は「雑談」である。

なぜそんな営業の仕方をするのかというと、初対面では特に、私は相手との距離を縮め、親近感を深めることを第一に考えているからだ。

まずは自分自身に関心を持ってもらうこと。それが営業活動の始まりなのである。

そのような目的で人と会う私には、自社のメリットを滔々と述べ、契約してくださいとプッシュしまくるトークは無縁なのだ。

「仕事の話」は、はっきりいって面白くない話である。

「仕事以外の話」なら、相手は自分に興味を持ってもらえる。

例えば、相手が身につけているものや卓上の置物などから話を切り出す。

私は釣りやツーリングが趣味なので、同好の士に出会えれば話は特に弾む。釣りの話だけして帰ってしまうこともよくある。

しかし、その日の営業活動はそれで大成功なのである。後に人材が必要になったとき、その人は必ず私に声をかけてくれるからだ。

会社勤めのころも含めて、「○○の営業に来ました」とまともに攻めて、仕事が取れたことは、私の経験では一度もなかった。

だから私は「営業トーク」はしないのである。

「お願いします」と言わない

営業トークをしないということは、「買ってほしい」という必死さを出さないということでもある。

だから「お願いします（契約してください）」とは絶対言わない。

考えてみれば、見も知らない相手から「いい商品だから買ってください」「ノルマが達成できないので、一ヶ月でいいから契約してください」などといきなり頼み込まれて、すなおに承諾する人はいない。

特に派遣事業のように、自社と他社との差別化が難しい会社では、とにかく相手の胸襟を開いてもらい、「この人なら任せても大丈夫だ」と信用してもらうことが先決なのである。

そのため私は営業現場において、あえて「まあ、今回は契約してくれなくてもいいんですけど」という余裕の態度で臨む。実際は、この契約が取れなければ今月やっていけないというピンチだったとしてもである。

「ピンチだ」というのはあくまで当方の都合である。そんなことで商品を押し付けられるのは、相手にとっては迷惑でしかない。

仕事を取るためなら土下座も辞さないという人もいる。しかし、私はそれは筋が違うと思う。

私は仕事上の謝罪のためならいくらでも土下座はする。

それは、「これは自分の責任で行っている仕事だ」というプライドがあるからできるのだ。

しかし、仕事を取るための土下座はしない。

それもやはり、仕事にプライドを持っているからである。

「お願いします」はそんな自分の仕事に対する自信のなさの表れである。だから、仕事を取るために「お願いします」と言うのは間違っていると私は考える。

自分の仕事には自信があり、相手もそれを認めてくれて、必要だと思ってくれたからこそ契約につながるのであり、そこには「お願いします」は不要なのである。

ノーと言わせない、ノーと言わない

営業現場で私は、「ノー」という言葉が、相手からも私からも出ないように配慮している。

まず、相手が発する「ノー」。

どんな小さい「ノー」でも、相手の口からもれたら、それで話は終わってしまうと私は考えている。

「○○部長の部署では、人材が必要ですか」と尋ねて、

「いや、必要ないね」と返されたら、それで終わり。

もっと小さなこと、例えば、

「ちょっとボールペンを貸してもらえませんか」とお願いして、

「いや、それは困る」と断られたとしたら、自分と相手の間に壁ができてしまい、その後もずっと「ノー」が続く。

つまり、前述の内容にも重なるが、どんなささいなことでも頼みごとをしないように

しながら話を続けるのが、相手との距離を縮める会話法なのである。

次に、私が発する（発しない）「ノー」。

それは相手の要望をとにかく聞き入れ、「それは無理」とことわらないことだ。

例えば、派遣業務の営業に行った先でも、こんな話がもちかけられた。

「君のところは派遣会社だそうだが、うちはいま飲み物のディスペンサーがほしいんだ」

「クルマ屋を探しているんだが、知らないか」

「業務用機器のメンテナンスを引き受けてくれないか」

通常業務の範囲外、つまり当社にはなんの利益にもならない話ばかり……。

大手の人材派遣会社の営業なら、当然「それはできません」と断るか、「できる人を紹介しますよ」程度でお茶をにごすところである、

しかし私はことわらず、何でも屋に徹して要望に応えた。

このとき私が「ノー」と言ってしまえば、

「あいつは何を頼んでも引き受けてくれそうにない」と、相手に私との間の壁を感じさ

せてしまう。

何でも屋になりきって動き回っているうちに、「彼に頼めばなんでもうまくやってくれそうだ」と信頼関係が生まれ、本業の仕事も発生するのである。

当社は派遣事業の他に、飲食、機器メンテナンス、介護など、異業種の部門を有しているが、これらはそうした「頼まれ仕事」から派生している。

いずれの部門も、当初は「お金にならない」という心配があったが、いまではまがりなりにもビジネスとして成り立っている。

これも「ノーと言わない営業」の成果だといえよう。

イン・マイライフ

ここまで私の人生の浮き沈みについて、ビジネスシーンを中心に綴ってきた。

サンフェローという会社の紹介や企業理念については次章に譲り、ここでは私自身が日ごろ考えていることや、私生活の楽しみなどについて語ってみたい。

生きるとは人を幸せにすること

「自分はなにを成し遂げるために生まれて、この世に生かされ、人生で何を学ぶために頑張って生きているのだろうか」と、誰しも考えることがある。

私はさまざまな人々との出会いや別れのなかで、人生について自分なりの答えを見出した。

「自分が関わる大切な方々を、いつも笑顔で、落ち着いた平和な心で、幸せにすることだ」

と。

そして、生意気にもそれを真面目に実践しようと日々努力しているつもりだ。

もちろんそのためには、いまの自分がもっと人間的、社会的に成長しなければならない。

自己中心的な悩みや苦しみで落ち込み、人のことなどかまっていられなくなることもある。しかし、諦めず、逃げずにいまの問題に立ち向かえば、いつしか悩みや苦しみは過去のことになり、必ずご褒美のような幸せな時間がやってくる。

苦しい時間も自身の勉強だと思い、がむしゃらに頑張れば、いつか嵐は過ぎ去る。平穏な心が戻ったら、また人々を笑顔にするためになおいっそう頑張る。

そう言い聞かせつつ、日々生きている自分である。

苦しい中で気づいた「人生は考え方しだい」

三〇代前半は人生の下積み時代、修行時代だった。

不運なこと、困難なことすべてが一度に重なり、私の思考はフリーズしてしまった。

頭の中がグチャグチャで、落ち着いてものを考える余裕もなく、なんとかこの困難から抜け出したいとただ暗中模索していたあるとき、

「ただ単に事実はこうなんだ」

という言葉が、ふと頭にうかんだ。

そしてその言葉を自分に言い聞かせると、急に気持ちが楽になった。

同時に、これまで困難の原因を他人のせいにしていたことに気づき、自分にふりかかった不幸の原因を、自分の中に探すことができるようになった。自分に原因があるなら、どんな問題にも冷静に対処できる。

この経験を経て、私の考え方はがらりと変わった。

もともと楽天家だったこともあいまって、それまで悲観的にとらえていた日々の変化を、楽観的にとらえられるようになったのだ。不幸な出来事も無心に受け入れ、適切に対応できた。新たな変化を見逃さず、チャンスをがっちり手に入れられた。

そして「私は強運の持ち主だ」と勝手に思えるようになった。

人生は考え方しだい、なのである。

自分の才能を見出すには

自分には才能がないと若い人は思いこみがちである。

しかし私は、すべての人に何らかの才能があると考えている。

「何をしているときがいちばん楽しい？」

「人にほめられたのはどんなこと？」

「職場や家庭で認められている特技は？」

「他人の知らない自分だけの特技は？」

「心に残った本や映画、音楽は？」

などと自問自答してみると、忘れてしまっている自分の才能を掘り起こすヒントになるかもしれない。

私も自分の才能や可能性について自信を失った経験がある。

大きな目標や、特異な夢を周囲の人に話して、「ぜったい無理だよ」という反応が返ってくるときだ。

他人の考えが私の可能性に制限をかけ、自分を見失わせてしまうのだ。

そこで私は、「人からどう見られるかは関係ない、私の人生の責任を他人がとってくれるわけじゃないんだから」と、ある意味、開き直って考え直すようになった。

そうして少しずつ自分自身のありのままの姿を探っていくと、その中に才能や可能性の断片を見出せる。あまりかっこうのいい才能ではないかもしれないが、そんなものでも周囲の人々を喜ばせることはできる。そうして小さな才能や可能性を育てていけば、大きな目標や夢に少しずつでも近づける。

「それが好き」「やってみたい」という気持ちが、才能を発見する第一歩である。

成長するにつれ、好きなことややってみたいことは変化するが、そのつど自分の新しい才能が見つかる。

挫折してもめげずに目標に向かって歩いてゆけば、いつか必ず才能は開花するのである。

友人は自身を映す鏡

折にふれて思うことがある。

昔の友人といまの友人、そのときどきの環境や心境のありかたによって、友だちの質が変わっていると。

よく耳にするのは、人は自分の出している波長と同じ波長の人々に囲まれる傾向があるという話——いわゆる「類は友を呼ぶ」である。

自分自身を思い返してみても、イライラして悩んでいた時期は同じように怒りっぽい人がそばにいたし、気持ちが穏やかで前向きに頑張っているときは明るく愉快な友人に囲まれていた。自分にウソをつき、虚勢をはっていた時期は、周りにはホンネを見せず外見をつくろった友人が多かったと思う。

よい友だちがいないと悩んでいる人は、もしかしたらその原因は自分にあるのかもしれない。人生を悲観したり、周囲を恨んだりする前に、まず自分の出している波長を少し考えてみたらいかがだろうか。

また、もし昔の友人のほうがよかったとお考えなら、そのときの自分の波長を思い出してみたらどうだろうか。少しでも自分の波長をポジティブに変えることができれば、親切でやさしい人、明るくはげましてくれる人が集まってくるはずである。

ところで、現在私の友人や知人は、明るく親切で友だち思いであり、ボランティア精神にもあふれている人ばかりである。

これは自慢になるのだろうか？

うらやみ、ねたむ気持ちは成長のチャンス

誰でも少なからず、周囲の人に対する羨望や嫉妬の気持ちを持っているに違いない。私もそのひとりである。

しかし私はその気持ちを前向きに使うようにしている。

うらやましい、ねたましいと感じるのは、自分がそうなりたい、そうありたいと思う姿が、その人の中に見えるからだ。そんな自分の気持ちをすなおに認めるのである。

人は羨望や嫉妬の気持ちを認めないから、悪口を言って心がすさみ、そうなりたい、

そうありたいという姿から遠ざかってしまう。

私は羨望を懐く人に会うと、失礼ながらじっくり観察し、その人がどんな努力をしていまの位置にたどりついたのか分析して、よいところをちゃっかり盗んで自分のものにしようと考える。

勝手な持論だが、基本的にこの世は公平で、幸せだけの人はいないし、不幸なだけの人はいないと思う。だから、その人の一体何がうらやましいのか、よく考え、ただ感情にまかせてうらやむのではなく、その人のよいところに少しでも近づく努力をしたほうが建設的である。

例えば、すぐれた友人や知人にめぐまれた人がいてうらやましいと思うなら、少し勇気を出して自分から近づいて、その人の友人知人のひとりに加えてもらうことだ。仕事や趣味のスキルの高い人がいたら、教えを請うてスキル上達のコツを自分のものにするのである。

羨望や嫉妬の心にとらわれると、そこから動けなくなり進歩が止まる。

誰かを「うらやましい」と思ったとき、成長するチャンス到来と考え、羨望や嫉妬心を前向きに活用してほしいものである。

釣りは「天職」

私の最大の趣味といえば釣りである。

釣りは「天職」だとまで考えている。

天職とは、自分に与えられた才能を生かせる仕事で、楽しくて仕方ないと、自分の心が喜ぶ仕事だそうだ。

そこへいくと、現在の仕事は生活のお金を稼ぐための「適職」と言えそうだ。

私は釣り番組を見ながら、「天職」を仕事にして生活できたらいいなと夢見ているが、若い頃、無謀にもそれを実行に移したことがある。

しばらくはねばって副業で生活しつつ天職を突き詰めていたが、やがてあきらめ、「適職」に戻った。

適職に不満を持ち天職を追い求めた結果、さんざんな目にあったので、いまは日々の仕事に喜びを見出し、「適職の天職化」をめざしている。

そして肝心の「天職」のほうは、たまの休みに自分へのご褒美として出かけている。

私の釣りはもっぱら海釣りである。

乗合船で沖に出かけ季節の魚を釣る。先日もアカムツ（ノドグロ）を狙って千葉沖に出かけ、クロムツを獲得した。

釣った魚はおいしくいただいている。クロムツはことのほか美味だった。

装備を調えて海に出向くので、休日は一日つぶれる。

しかし、「楽しくて仕方ないと心が喜ぶ天職」のことであるから、家でごろごろと体を休めるより、よほどリフレッシュにつながる。

舟で沖に出ると、周りは一面の海である。

その爽快感はなにものにも代えがたい。

残念なのは、最近仕事が忙しくなかなか時間が取れないことだ。しばらく間があくと、釣りの虫がうずく。

なんとか時間を作ってまたあの大きな海に出なければと常に願っている自分である。

ハーレー乗りの幸福

ハーレーダビッドソンは、言わずと知れたアメリカ最大のオートバイ・ブランドで、その巨大なたたずまいに、日本でもファンが多い。

私は二十代のときハーレーを購入し、一度手放した後、いま三台目に乗っている長年の愛好家である。

私をハーレーの世界に引き入れたのは、板通でお世話になった塚越さんだった。

当時、免許の限定解除制度が導入され、私は大型に乗りたかったので、二二回試験場に通って審査をパスしたのだが、そのとき塚越さんに、

「君はいまの仕事とバイクの免許とどちらが大事なのかね」と聞かれ、

私は迷わず、

「バイクです」と答えた。すると、

「では、ハーレーに乗るしかないな」と強く勧められたのである。

当時ハーレーは日本に年間一〇〇台程度しか入ってこなかった。値段も諸々合わせて

二〇〇万はかかったのではないか。しかし、その魅力にひかれた私は五年のローンを組んで購入した。

当時の勤め先で、小暮というバイク好きな同僚と知り合った。出身は群馬の赤城山の近く。話を聞くと、学生時代は近隣に名を馳せた不良だったそうだ。同じバイク好き、ハーレーファンということで、馬が合い、その後バイク仲間としてつきあいを続けた。

しかし私が四二歳のある朝、彼は急病で突然亡くなってしまった。

一緒に飲む約束をしていたまさにその日だった。

ハーレー乗りの知り合いは数多くいるが、彼ほど親しくしていた友人はいない。

最近仕事に追われてなかなかバイクを駆ることもできないが、二か月に一度程度、ライダーのたまり場で有名な群馬の草木ダムなどに出かけると、彼と一緒に走った日々が昨日のことのように思い出されるのである。

コミュニティ誌のコラム連載は偶然の再会から

私がビートルズのコピーバンドに加入し、週一回ライブハウスで演奏していたころ、毎回聞きに来て応援してくれていた方があった。

彼はいま地域興しの一環で〈COMPANY 43〉というコミュニティ誌を発刊、地元アイドルグループをプロデュースするなど活躍している。

私がバンド活動をやめてから音信がとだえていたが、派遣業が軌道に乗り事務所を借りていよいよ本格的に営業をはじめたころ、なんとビル内でばったり再会。お話をうかがうと、同じビルでやはり起業したとのことで、不思議にも縁がつながり、それから親しくおつきあいさせていただいている。

あるとき彼から、「新井さん、〈COMPANY 43〉にコラムを連載しませんか」と声をかけられた。

書き物は決して得意ではなかったが、チャンスを与えられたらとにかくチャレンジし、それにのめりこむのが私の性格。毎回苦しみながらも隔月の刊行日に合わせて執筆を続け、はや六年。日ごろ思うことや、趣味のうんちくなど、考えつくままに文章を綴ってきた。

第二章で紹介するが、平成二八年入社の小林信久さんは、私のこのコラムを愛読しているると面接のさいに明かしてくれた。即採用となった彼は、いま飲食部門を統括して成果をあげている。

特に大きな見返りを求めない執筆活動だったが、それだけでも余りある報酬だった。また、苦しみながらも書き続けたことが、今回の出版にもつながった。

なにごともチャレンジして損はないとつくづく感じたものである。

ささやかでも続けたいボランティア

広島市安佐南区にサンフェローの運営する定食の店がある。

平成二六年八月に、この地域を豪雨が襲い、大規模な土砂災害が発生した。

地元スタッフの在住地が近かったので安否を心配し、八月下旬から九月上旬にかけてお手伝いに出向いた。

幸いスタッフのみなさんは無事だったが、二軒となりのお宅が土砂で流されてしまっ

Sunfellow

サンフェロー社長
新井敏之の My Life

Vol. 34 「ホスピタリティ」

人間育成のある先生の本を読んでいましたら、社会には5つのステージがあるそうです。

一番下に「モラル」。これは基本的な規範で、たとえば、若くて元気な人は公共交通機関の優先席に座らない。または、必要とする方に席をお譲りする。

次のステージには「マナー」。これは人に好感を与える言動や所作を指すそうです。家庭や会社で早いうちに教えてもらわないと、人から笑われてしまうこともあるので、注意が必要なようです。国によっては、食事中のレストランでは席を立つことがマナー違反だそうです。大変ですね。

その上のステージが「サービス」。相手に喜んでもらうために行う、それぞれの奉仕活動です。マニュアルなどで規定させている場合もあるので比較的容易に提供できますが、社会が成熟してくると日本式の工夫をしてサービスが受け手側に満足させる秘訣だそうです。

さらにその上が「ホスピタリティ」「おもてなし」。心底相手を思いやる気持ちに徹して、「今、ここ、あなた」に最上の気分を味わってもらいたいという精神からの尽力です。仕事をしていく、社会で人と関わるなどいろいろなケースの中で、いかにして人に喜んでもらおう、役に立ちたいという気持ちは大切ですね。

弊社には人材派遣事業・飲食事業・業務用冷熱機器販売修理事業・介護事業があり、介護施設では、多くのご年配の方々が利用してくださっています。各事業部もそれぞれ人を大切にしてくれていますが、特に介護スタッフの接し方をみていると、ご利用者様の一人一人の気持ちに寄り添ってくれています。誇らしい限りです。

私の経験では、父が亡くなったときに、主治医の先生から「悲しいですね。」と、一言だけ声をかけられたことを思い出します。相手の立場に立ったホスピタリティで、当時感じた最高のセラピストでした。

Profile

Sunfellow サンフェロー株式会社　www.sun-fellow.com

人材派遣業／Panasonic 業務用冷熱機器販売・修理代理店／飲食事業／コールセンター事業／介護事業 等

サンフェロー　検索　☎0284-70-8055　足利市南町4254-2 ニューミヤコホテル本館2F

たという方もあり精神的なショックは大きく、なにはさておき駆けつけたのは、多少の励ましになったのではないかと思う。

ボランティア団体に所属している広島市の友人から、先の東日本大震災でも活動している方々や団体のリーダーを紹介していただき、事情を尋ねたところ、「スコップと土砂を運ぶ一輪車が不足している」とのこと。すぐさま足利に戻り、スコップ二十本と一輪車三台を調達し、即日災害現場に送った。

広島ではスタッフが入院していた病院などを見舞った。そこで土砂崩れに巻き込まれて一命をとりとめた方の話を聞き、被災の厳しさに思いをはせた。

ボランティア活動は半端な気持ちではできない。専門的な知識も必要だ。

ボランティア団体のリーダーと親しくなった私は、その後熊本地震にも義援金を持参して駆けつけたが、ボランティアの方々のように現場に腰を据えて、じっくり援助活動に従事することはできなかった。またある大企業の社長のように、被災地にポンと何億円も寄付することもできない。

しかし、被災地へ実際に出向くことで私は、ささやかでも援助活動は続けるべきだと感じた。被災された方々は、誰かに話を聞いてもらうだけでも慰めになる。

誰もが「人のために」という気持ちを持ち、自分のできる範囲でそれを実行に移せば、世の中はもっと暮らしやすくなる。

身近な人を助けたいという思いが日本人には少なからずある。私も「周りの人を幸せにしたい」という気持ちでは誰にも負けない自信がある。

そんな小さな奉仕精神の輪を少しずつ広げていきたい。

番頭さん、ありがとう

この章の最後に、先日勇退された私の人生の先輩、素晴らしい人格者である「番頭さん」のことを書きたい。

番頭さんは、私のサラリーマン時代の上司だった。

個人事業として創業し、徐々に仕事が忙しくなり、深夜まで残業が続いていたころ、番頭さんから、

「調子はどう？　忙しそうだね、手伝おうか？」と絶妙なタイミングで声がかかった。番頭さんとは、会社勤めのころさほどおつきあいはなかったが、その敏腕はよく存じあげていた。

私はさっそく番頭さんに会社の総務経理をお願いした。しかも、「まだ売上が少ないから、しばらくはボランティアでいいよ」と仰るので、しっかりとお言葉に甘えて、丸三か月は無給で働いてもらった。

サンフェローが株式会社になり、経営が安定してきた矢先、リーマンショックが起こり、仕事量が半分になった。そのとき、長年の経験を生かしてやりくりし、会社を支えてくれたのが番頭さんである。おかげで私は営業に専念し、業績を建て直すことができた。

東日本大震災による計画停電のときも同様だった。番頭さんの知恵をお借りし、社員一丸となって危機を乗り切った。

退職が決まったとき、番頭さんが古稀少し手前であることを知った。見た目が若いので年齢には気づかなかったのだ。

会社の成長とともに、私も、会社の仲間も育ててくださった番頭さん。あなたの教えを無駄にしないよう、これからも会社を大きく育てていく所存です。

いままで本当にありがとうございました。

第二章 サンフェロー株式会社のいま

サンフェローという会社

サンフェロー株式会社は平成一七年四月一日に創設。現在社員は四八名。本社を栃木県足利市に置き、宇都宮市、壬生町、群馬県大泉町に事業所を展開している。

人材派遣を主業務としている弊社だが、さまざまな「人」とのかかわりの中で事業の幅を広げてきた。

現在弊社が携わっているのは、次のような事業である。

・人材派遣業（厚生労働大臣認可　派０９－３０００７４）
・業務用冷熱機器、空調機器、厨房機器および蓄熱器の販売・設置・メンテナンス
・コールセンター運営（業務請負）
・飲食店経営（秋田、栃木、山口、広島、兵庫、愛知、神奈川）
・介護事業（事業所番号　０９７２３０１４５１）

人との信頼関係こそが日本のビジネスの基礎

お金を稼ぎ、稼いだお金を使って生かさなければ会社は回らない。

しかし、そのお金を稼ぐのは人間、金を使って生かすのもまた人間である。

人材派遣は「人」との関わりでなりたつ事業である。

そのため、人材派遣を通じて身を興した私は、企業にとって「人」こそかけがえのない財産であると確信している。

サンフェローの企業方針の冒頭にはこうある。

◎人を大切に――人の和をつくりたい
企業において、「ヒト」はかけがえのない財産です。

派遣を主業務とする弊社、サンフェロー株式会社では、お取引先の企業の皆様、そして弊社の社員という関係するすべての人を大切に考えております。

コミュニケーションや相談の機会を積極的に設け、個々の気持ちや意見を尊重し、弊社に関わる全ての人との和を何よりも大切にしております。

これは、辛い時代を経験した私のいつわらざる信念だ。

個人経営から出発した私に手をさしのべてくれたのは、最初の就職先でめぐりあい、その後親しくおつきあいさせていただいた得意先の皆様だった。以前の会社の上司や同僚も、私を助けてくれた。

そうした人々に感謝し、恩返しするつもりで私は事業を推進してきた。

「人」とのつながりがなかったら、いまの私はなかっただろう。

その意味で、近年のアメリカナイズされたドライなビジネス慣習にはどうしてもなじめない。

日本には昔から「おかげさま」の精神文化があった。

ひと様の助けに感謝し、ひと様のために自己を犠牲にして働くという気持ちである。

人と人との信頼関係を築きつつ、地道にこつこつと積み上げるビジネスこそ、日本の風土に合ったやり方だと思う。

相談事や頼み事を親身に聞く姿勢

人との絆を深めるには、相手の話にじっくり耳を傾けることだ。

営業マン時代の私は、自社のセールストークもそこそこに、相手の話を引き出すことに専念した。雑談ばかりで帰ってしまうこともあった。

しかし、それこそが相手の信頼を得る最大の方法だという自信があり、実際にそうして私は営業成績を伸ばした。

また、相手からものを頼まれると、それが会社の仕事と無関係でも、無償でも、なんとか実現しようと動き回った。それによって信頼関係はなおいっそう深まった。

「彼ならやってくれる」という信用から、本業の仕事への依頼が回ってきた。

相手の相談事や頼み事を親身に聞く姿勢はいまも変わらない。サンフェローの企業方針にはこうある。

◎相談しやすい環境づくり——コミュニケーションを大切に

（前略）弊社に人材登録される派遣の皆様はもちろん、人材の派遣を依頼する企業の皆様にとっても、何か不明な点がある際には、気兼ねなく気軽に相談できるパートナーでありたい。

そうサンフェロー株式会社は考えております。

誤解や行き違いなどの大半は、コミュニケーションの不足によるものです。人と人をつなぐ、という仕事で不可欠な「相談できる」環境づくりを、サンフェローは常に心がけています。

なんでも相談してください、どんなことでも依頼してください——この基本姿勢で、サンフェローは人の絆を広げていきたい。

派遣スタッフとの垣根を低く

派遣会社での勤務経験から、私は派遣会社の社員と派遣スタッフとの間には高い垣根があると感じていた。それは、派遣スタッフへの事務的な対応や、高圧的な指示に表れていた。会社の側には、お金を支払うのだから指示に従ってもらうといった上から目線の姿勢があったように思う。それは、会社と派遣スタッフはあくまで金銭契約で結ばれた関係だという、アメリカナイズされたビジネスの感覚である。

サンフェローは人の絆をなにより重視する会社である。派遣スタッフも、会社を支えてくれる大切な仲間だと考えれば、事務的な対応や高圧的な態度はありえない。

そこで企業方針にこう掲げた。

◎派遣の方々との垣根を低く——お仕事のサポーター

（前略）弊社では基本理念である「人を大切に」を常に念頭に、フレンドリーかつ親身に相談できる存在であるよう社員一同心がけております。お仕事が気持ち良くできる環境こそ、派遣先の企業様にとっても最大のメリットとなります。皆様のお仕事の頼れるサポーターとして、垣根が低いサンフェロー株式会社でありたいと考えております。

一般的にこの業界では、本部と派遣スタッフの関係は希薄だといわれる。

しかし、私はそうは考えない。

派遣スタッフも一緒に会社を盛り上げてくれる仲間である。仲間であるからには、皆さんにフレンドリーに接し、親身に対応するのが当然だ。

スタッフの皆さんが喜んで仕事に専念してくれれば、サンフェローの評判も高くなり、さらに依頼が舞い込む。好循環が生まれるのである。

会社はひとつのチームである

社員とのご縁もまた貴重である。

サンフェローの企業方針の最後にこうある。

◎楽しく働ける環境を

派遣の面接に言った先の人材派遣会社が、暗く雰囲気の悪い、スタッフの顔色も冴えない職場だったらどうでしょう？　そのような職場が提供する人材も、仕事も信頼できないのではないでしょうか？

お仕事や人材を紹介する企業として、弊社内のスタッフも楽しく働ける環境づくりを、サンフェローは真剣に考えております。


サンフェローは言ってみれば私が勝手に始めた会社である。

そんな会社でも選んで入社し、頑張ってくれている社員のみんなに感謝している。だから、よほどのことがなければ社員を解雇しない。

会社の仲間はひとつのチームであり、私の心境は「チームのために戦っている」のだと言い表せば、わかりやすいかもしれない。

チームのみんなが幸せになるために自分に何ができるかを考え、行動に移す。結果、会社の業績が伸びる——つまり、チームが勝って、メンバー全員がハッピーになる。

最近では、やはりアメリカ型のビジネスに影響されて、株主を優先するドライな労使関係をかかげる会社が多くなった。

チームを運営していくために出資者はたしかに重要な存在ではある。

とはいえ、その出資者に相応の見返りを戻すためには、チームの健全な運営が先決なのだ。

株主を優先させる経営方針は本末転倒ではないかと思う。

世間では、社員やアルバイトを食い物にするブラック企業が話題になっているが、社員を使い捨てして会社だけふくれあがるという企業姿勢はいかがなものだろうか。

チームの一員となった社員とともに会社を大きくし、社員と幸せをわかちあってこその企業経営だと私は信じている。

将来のビジョンを見据えた社名とロゴ

独立したときの社名は〈グッド・ジョブ〉だった。

一年ほどして経営が軌道に乗りかけたころ、社名変更を考えた。〈グッド・ジョブ〉はいかにも「人材派遣オンリー」のイメージが強すぎたからだ。

当時はまだ人材派遣業のみの会社だったので、それでよかったのかもしれないが、私の中には将来の会社のビジョンがあり、業種の固定化はしたくなかった。

サンフェローの本社。ドラムスやギターをディスプレイ。

どんな業種、業態にもチャレンジし、地元から日本へ、さらに海外へと目を向ける企業にふさわしい社名を考えた。逆に言えば、「何をやっているかよくわからない」社名にしたかったのである。

最初に〈サン〉という言葉が決まった。明るく元気な会社を表現するのに、ぴったりの言葉である。

その後に続く名前がなかなか決まらなかった。

サンオービット
サンマーズ
サンフェロー……

カタカナや英語の字画まで調べて、適切

Sunfellow

な名前を探った。最終的には姓名・社名判断の有名な先生の助言も得て、〈サンフェロー〉に決定したのである。

〈フェロー〉は仲間、同士という意味であり、人材派遣のイメージを多少残しながらも業種は固定されず、人とのつながりを重視する私の経営理念にもマッチしているよいネーミングだったと考えている。

実際、これまで〈サンフェロー〉は業種を人材派遣業から飲食、介護にまで広げ、私が当初考えていたビジョン通りに進んでいる。その意味でも社名変更はタイミングよく、正解だったのではないだろうか。

ロゴは、前章でも紹介した地域コミュニティ誌やブログを運営している方にお願いし、私が伝えたイメージと簡単な図をデザイン化してもらったものである。「太陽と仲間たち」をそのまま表現したわかりやすいロゴとなった。

異業種や海外にも目を向けて

私たちのような小さい会社は、少しばかり業績が安定したからといって、同じ所に立ち止まっていてはすぐに潰されてしまう。安定した部門はどんどん社員にまかせ、社長である私は事業開拓に取り組むのが責務だと考えている。

いま私が力を入れている介護事業については第三章に譲るとして、その他の新事業、また構想している計画を紹介してみたい。

今後の展開として期待しているのは飲食事業である。

当社は、日本人初のＮＢＡプレーヤー田臥選手が所属するプロバスケットチーム〈栃木ブレックス〉のスポンサーになっているが、ホームでの試合開催時、いま試験的にクレープショップを出店している。

これが好評で売れ行きもよい。

そこでシーズン終了後、宇都宮のアリーナ周辺で常設店開設を計画している。

現在は試験店において、現場のスタッフと営業担当とで試行錯誤しながら、クレープ商品を開発中である。


海外進出の計画も進めている。

注目しているのはフィリピンである。

私が参加している経営者の勉強会のような集まりを通じて、日本に常駐している当地の方と知己を得た。彼は日本語が堪能、日本名も持ち、フィリピン政府の要人に声をかけて集められる実力者である。

その方にフィリピンでの事業展開を勧められている。

さまざまなビジネスの可能性があるが、実行に当たっては政府や当地団体の十分なバックアップが期待できるとのことだった。

案件の中には、当社の人材派遣などのノウハウが生かせるものもある。

せっかくのお誘いでもあり、いま実行に向けて計画を進めている段階である。


将来の可能性として期待しているのが、アジアの新興国である。

例えばある国は、長らく内戦が続いていたが、ようやく紛争が終結し、国を建て直そうという機運が高まっている。宗教の縛りがそれほど厳しくなく、親日的な教育を受けているので、日本に対して好印象を持っている。

経営者の勉強会で、最近かの国の政府系の人物と知り合うことができた。

その人が「国民は日本の方々の進出を大いに期待しています」と言うのだ。「驚異的な成長を果たした日本人の力を借りて国家の建設を進めたい。これからの国ですので、日本の方々にとってもビジネスチャンスにあふれています」

熱心な勧めだった。

具体的な話もいただいたが、まだまだ当社の規模では現地の支店をコントロールするのは難しい。現時点ではリスクが大きいと感じた。

こちらはフィリピンと違い、いますぐにでもということでなく、つながりを保ちながら、チャンスを待ちたいと考えている。

人材派遣事業のいま

ここからは各部門を受け持っている社員の皆に、弊社事業の概要を紹介してもらうことにしよう。

サンフェローの礎を築いた人材派遣は、いまも弊社の根幹事業である。

人材派遣事業とコールセンター事業を管轄している菊地雅幸さんは、大手人材派遣会社に勤務していたが、数年前に、弊社の社員募集に応募して来てくれた。

大手企業と違い私どものような小企業は、派遣スタッフの一人ひとりが貴重な財産である。

そんな私の考え方に菊地さんも賛同してくれたのだった。

高江洲リカルドさんは、以前の同僚だった縁で、当社に来てくれた。ペルー出身でスペイン語、ポルトガル語、英語が話せるので、外国人の派遣スタッフの手配や対応をお任せしている。

事務担当の山藤靖子さんはサンフェロー発足一年後の入社で、当社の浮き沈みの苦楽をともにしてきた仲間である。入社間もない有住遥子さんは、すぐに当社の社風に馴染み、若さのパワーで頑張っている。

面接から派遣まで任せられて

営業部　主任　菊地雅幸

私は入社六年目。以前は別の人材派遣会社の営業社員でした。

長らく派遣業界で仕事をしてきたので、転職に際しても同種の企業を探していたところ、地元のサンフェローの社員募集に目がとまりました。

「人を大切にする会社」というコピーに感じるところがあったのです。

私が所属していた大手の人材派遣会社では、社員や派遣スタッフに対する姿勢に首をかしげることがありましたが、この会社なら納得いく仕事ができるのではないかと応募しました。

弊社の人材派遣事業は、現在登録スタッフが五〇〇〇名超。男女比は女性が六割。平均年齢は三〇歳程度で、職種や勤務時間を選べる、将来のために手に職をつけておきたいといった理由で登録する人が多いようです。

エリアは栃木県県南地方が主で、隣接する群馬県桐生市、太田市、伊勢崎市なども含まれます。また、おつきあいの長い企業様との関係で、東京にもスタッフを派遣しています。

他には自動車の部品工場、ソーラー機器の部品工場、食品の工場、遊技機の製造工場などに派遣社員を送っています。

群馬県太田市に大手自動車会社があるため、近辺には関連企業が多く、部品の配送作業を行う工場なども重要な派遣先となっています。

遊技機の工場は時季的な流動性が大きいですが、動くときは多数のスタッフを派遣しています。時季的な動きという点では、アウトレットやショッピングセンターなども有力な取引先です。

そのような取引先は、いつごろ動きがあるかを弊社でも把握していますので、その時季が近づくと私も「今年はいかがですか」と営業に回っています。

弊社の事業内容にコールセンター運営があります。これは飲食店などの厨房機器の不具合に対応するセンターで、弊社の主要事業のひとつとなっています。

サンフェローに入社してやりがいがあるのは、仕事の大部分を任せていただいているということです。

前職では、営業は営業だけと仕事内容が限られていました。

弊社では登録社員の面接、採用も任されていますので、派遣先に人材を紹介するうえで強みになっています。前職では、スタッフを派遣先に紹介するその日にその人と初めて会うことが多かったのですが、現職では面接してそのスタッフの性格や強みを把握していますので、派遣先とのマッチングも適切にできますし、向こう様に紹介もしやすいのです。

新井社長はたいへんフランクな人柄で、入社当初から自身の営業ノウハウをおしげもなく教えていただき、私がその手法を身に付けた後は、全幅の信頼で仕事をまかせていただいています。

現場から上がってきた問題で判断に迷うと、私はすぐに社長のところへ相談に行きます。すると、その場で即決の解決が示されるので、現場の担当者に対して私も面目が立ちます。

責任者会議も、まず私たちが思う存分意見を闘わせ、最終的に社長が判断を下すというのが通例です。

あれこれ細かいことは言わず、ここぞという押さえどころははずさないというのが新井社長のやり方で、私たちにとってはいい兄貴分といった存在ではないでしょうか。

新井社長とのめぐりあいから

営業部チーフ　高江洲リカルド

私は南米ペルー出身で、父がペルー人、母が沖縄の人です。一八歳のころ、ペルーでは日本への就職ブームがあり、多くの友人が日本をめざしていました。私もその波に乗り、大学の途中で日本に来たのです。最初は日本の家族に会って、一年程アルバイトで稼いで帰るつもりでしたが、居心地がよくそのままいついてしまったようなわけです。

ペルーでは母国語のスペイン語と、ブラジルのポルトガル語、あとは英語が少し話せました。家で母は日本語をしゃべっていたので、日本へ行っても困らないだろうとたかをくっていましたが、母の日本語は沖縄の言葉だったので、こちらではほとんど通じませんでした。というわけで、日本語は日本に来てから勉強しなおしたので、まだ少し苦手です。

新井社長とは、以前勤めていた会社で知り合いました。そのころからめんどう見がよく、友人を大切にする方で、私もなにかとお世話になりました。

新井社長が独立起業したとき、微力ながら協力させていただいたご縁で、サンフェローに入社しました。

このあたりはペルー、ブラジル、アルゼンチンなどの南米や、フィリピン、中国などのアジアの外国人労働者が多いので、私はそうした人たちの手配、通訳などを担当させていただいています。

新井社長の性格もあってこの会社は風通しがよく、社員がのびのびと仕事をしています。そんな会社で働くことができて、私は幸せだったと感じています。

変わらない明るさと活気

総務　山藤靖子

私はサンフェローの設立一年後の平成一八年の夏に入社しました。友だちからの紹介で、事務職の社員として採用されたのです。

入社当時社員は四名でしたが、事業が軌道に乗った時期だったので、社内は明るく活気にあふれていました。

新井社長の社員への接し方は当時もいまも変わりません。「今日はどうした？」といつも気安く声をかけ、社員のミスにも決して怒らず、その人のいいところを引き出してくださいます。

十年間勤めて、この会社が成長しているのは、社員がのびのびと仕事ができる雰囲気にあると感じています。それもやはり新井社長の明るさ、元気さ、前向きさのおかげだと思います。

フレンドリーな社風

事務　有住遥子

入社して半年です。

他の会社で事務をしていましたが、ご縁があって転職しました。

新井社長をはじめ社員のみなさんがとても親切でやさしく、すぐに会社になじむことができました。

以前の会社はサービス残業も多かったのですが、サンフェローではそんなこともなく、なにより社員の自主性を重んじてくださるので、みんなが責任をもって積極的に仕事に取り組める環境が整っていると感じます。

この会社に就職できてほんとうによかったと思います。

飲食事業のいま

第一章で、頼まれたことは「できない」と断らずなんでも引き受けるのが私の営業スタイルであると述べたが、いま全国各地で経営している飲食店も、そんな経緯から生まれた事業である。

飲食部門を管轄している小林信久さんは、まだ入社八か月という新人だが、前職で上場パチンコチェーンの店長を歴任していたということもあり、若いながら経営や営業のセンスが優れているので、飲食部門をお任せした。

彼との出会いはユニークだった。

私は地元のフリーペーパーにコラムの連載を持っていて、折々に思いついたことや、ビジネスの考え方などを毎回書いている。

社員募集に応募してきた小林さんは、面接で私に、そのコラムを読んでファンになったと言った。

「募集広告を見て、あの人の会社だ」と気づき、応募したのだという。
そこまで言われて、採用しない者がいるだろうか。
これは彼の営業センスだともいえる。
それでは小林信久さんに飲食部門のいまを語っていただこう。

チャレンジ精神を発揮できる会社

営業部　小林信久

弊社の飲食事業は、パチンコ店に併設された飲食店の経営が主です。
その飲食店の経営者と親しくしていた新井社長が頼まれて引き受けたのだそうです。
私どもが引き受ける以前にその店は全国に三〇店舗ほどありましたが、不採算店が多く経営難におちいっていました。

そこで新井社長は、引き受けるにあたって不採算店を整理、採算ベースに乗っている定食の店一二店舗、カフェ三店舗に絞りこみました。

全国展開しているパチンコチェーンに併設した店ですから、北は秋田、西は山口まで点在しています。

定食店は町場によくあるからあげ定食、ラーメン、カツ丼などを出す店ですが、できあいのものを出すのではなく、材料はすべて仕込みで、料理人がきちんと調理するのをひとつの売りにしています。そのためパチンコ客ばかりでなく、一般のお客様にもひいきにしていただいています。

飲食店経営で私に期待されているのは、各店の活性化です。

新井社長は行動力に優れ、思いたったことはすぐに実行に移すタイプで、私のような新人の提案でもよいと思えば、細かいことは言わずにまずはチャレンジさせてくれます。

いま飲食業界は価格競争が激しいので、先日もラーメンをメインにしたキャンペーンを一か月実施しました。お客様が足を運ぶきっかけづくりになればという思いからです。

この企画も私が提案すると、社長は「いいね。やってみよう」とすぐに決断。全国の店舗で実行されました。

結果、ラーメンキャンペーンは月間三〇〇〇食、売り上げで三倍増という成功をおさめました。特価販売だったのでその期間の客単価は落ちましたが、お客様からは、「次は何をやるの？」という期待の声も多く聞かれ、客足の回復には大きく貢献したのではないかと考えています。

その後、そうしたお客様をつなぎとめつつ、客単価を上げるために企画したのが「ワンコインフェア」です。「ワンコイン」五〇〇円はいまランチ市場のキーワードでもあり、パチンコのお客様にも出しやすい金額です。

この企画も当たり、例年客足が鈍る期間もお客様を減らさずにすみました。

新井社長は、店のスタッフを激励するために、しばしば地方巡りをしています。先月は西日本の店舗を回り、今月は東北方面に出向く予定で、私も同行させていただいています。

まだ社歴の浅い私に飲食部門のほぼ全権を任せていただき、私もその期待にこたえるべく忙しい日々を送っています。

業務用機器事業のいま

業務用機器の修理、メンテナンス事業は、旧三洋電機が社内の事業部で行っていた業務だった。当時、社内業務を可能な限りアウトソーシングしようという動きがあり、弊社がお世話になっていた臼井さんという課長が、その任にあたっていた。

臼井課長は、私どもに依頼する以前に何社か専門の代理店などに声をかけていたが、いずれにも断られ、畑違いの弊社に「なんとか引き受けてくれないかな」と話を持ち込んできたのだった。

ここでも私の「なんでもおまかせ」気質が働いた。技術的なことはわからないが、要は技術者に気持ちよく働いてもらえばよいのだから、これまでの仕事となんら変わらない、なんとかなるだろうとお引き受けしたのである。

しかし、発足当時は苦しんだ。

業務用機器の技術者は誰もが職人気質の一徹もので、「顧客満足」といったビジネス感覚はない。どうしても、メンテナンスや修理に行った先の対応が悪くなり、クレームが寄せられることもしばしばだった。

そういう事態は予想できたはずだが、技術系の知識の乏しいわが社では、彼らへの十分な教育やフォローもできなかったのである。

そんな折、事業所で派遣事務をしていた社員が退職し、後任を探していたところ、パナソニックで定年後のシニアスタッフとして勤務していた大塚正勝さんがその任を引き受けてくださった。

大塚さんは旧三洋電機からパナソニック時代まで、家電部門の管理、事務畑を歩んできたベテラン社員であり、宇都宮の事業所をお任せしたところ、さすがに期待以上の成果をもたらしてくれた。

私の仕事は、重要な人との幸運な出会いがなければ成り立たないとつくづく感じている。

前職の経験を生かして

宇都宮事業所　所長　大塚正勝

私は旧三洋電機の家電部門で管理職に就いていましたが、定年退職し、その後シニアスタッフとして引き続き同社に籍を置き、三洋電機がパナソニックに吸収された後も、パナソニックの家電部門でパートとして働いていました。

あるとき、パナソニックの社員づてに、サンフェローのアフターメンテ部門の事務職員が退職して困っていると聞いて、それなら私がと手を挙げ、現在にいたっているというわけです。

サンフェローの新井社長のことは前々から存じあげており、アフターメンテ事業で、個性の強い技術者の扱いに苦労しておられるのを外から拝見していて、私が入れば円滑に業務を推進できるだろうと考えたことが大きいと思います。メンテの技術者は顔見知りでもあり、管理職として技術系社員をとりまとめてきた経験もあるからです。

サンフェローのメンテナンス部門で扱っているのは主に飲食店用の冷熱機器です。他にメディカ機器と呼ぶ医療機器なども取り扱っています。栃木県全県の店舗から修理、点検依頼が舞い込み、職員は毎日忙しく走り回っています。

サンフェローに入社して業務用冷熱機器の技術者に接すると、私が長年勤めてきた家電部門の社員ともタイプが違うことがわかりました。もとより職人ですので、顧客に対する態度がぶっきらぼうだったり、愛想がないのはいたしかたないこと。それに加えて、業務機器の技術者は、機器に対する原価意識が乏しく、部品の無駄使いが目立ちました。部品は現金と同じなのだという意識を持ってもらうのに時間はかかりましたが、いまでは私たちの考え方を理解して効率よい仕事をしてもらっています。

私どもの社員はベテランが多いので技術には自信を持っていますが、最近は業務用機器も日進月歩で新機種が導入され、ベテランといえども油断はしていられません。また、機器が置いてあるホテルやレストランでは、服装や行動が規定されているところも多く、相手先の規則に面倒くさがらずに従うのも大事なことです。

私たちの仕事は、対応を間違えば大手飲食業の営業をストップさせてしまいかねない重要なものです。しかし一方で、機器を使用している店舗の方々は私たちにとってはお客様です。重大な責任を負っていることを忘れず、だからといっておごらず、顧客満足の姿勢を保ちながらスタッフ一同日々の業務に取り組む所存です。

第三章　元気な介護施設をめざして

デイサービス サンフェローみぶ

栃木県下都賀郡壬生町《みぶまち》にその施設はある。

壬生町は、いまどきめずらしい財政健全な自治体であり、市町村合併の嵐を生き残って現在にいたる。一九六〇年代に玩具工場があいついで誘致され、工業団地ができて人口が増え「おもちゃの町」が出現。その町名を「おもちゃのまち」としたことでも知られる。近年玩具工場は、アジア諸国の興隆により撤退したところも多いが、一九九五年には町営の「壬生町おもちゃ博物館」が、二〇〇七年に玩具メーカーのバンダイが「おもちゃのまちバンダイミュージアム」を開設し、子どもたちやマニアには知る人ぞ知るスポットとなっている。

壬生町で特筆したいのが、医療従事者の多さである。一九七三年に獨協医科大学が設立されたこともあり、人口一〇万人あたりの医師数、看護師数で全国ベストファイブに入る。医療環境の充実などを理由に、住民の九割以上が「住みよい、住み続けたい町」

と答えている。介護施設運営にはまさにうってつけの場所なのである。

挫折を乗り越えてつかんだ成功

冒頭でも紹介したように、施設長の瀧口まゆみさんは、私とお会いした段階ですでに新しいデイサービス施設の計画を進めていた。

サンフェローはその建築計画に、業務用機器を納入する一業者として加わったのである。

瀧口さんは当初、巨大な施設の開設を思い描いていた。これは、後ほどご自身に語っていただくが、目標としたデイサービス施設の規模にならったからである。

しかし、運悪くたちの悪い建築業者に依頼してしまったために計画は頓挫した。

希望に燃えて新しい施設の開設に取り組んでいた瀧口さんにとっては、これほどの痛手はなかったであろう。手痛い失敗を経験してきた私にはその心中が痛いほどよくわかった。

デイサービス サンフェローみぶ

そこで私は思いきって、「ぜひ当社で援助させてください」と声をかけたのだ。

もちろん、以前から福祉や介護事業に関心があり、選挙応援で介護施設を巡り、「こんなやり方でいいのだろうか」と問題意識を持っていたことが、会社として介護事業に進出しようと決意した大きな理由でもあった。

瀧口さんも私の申し出をこころよく受け入れてくれた。そして、サンフェローの社員として、私たちとともに計画を練り直した。これまでのようにいきなり大規模施設に挑戦するのではなく、小さくて手作り感のあふれる施設をまずはめざす方針に切り換え、新たに土地探しを始めたのである。

すぐにこれはという物件が壬生町で見つかった。

そこはもと中国料理店だったところで、県道二号線沿いの好立地で環境もよく、適度な規模があった。さらに目の前の大きな駐車場を自由に使えるとのことで、介護施設にはうってつけだった。

こうしてサンフェローによるデイサービス施設づくりがはじまったのである。


この種の介護事業は、黒字転換までに二年三年とかかるのが普通だという。

〈サンフェローみぶ〉は、半年から一年で軌道に乗せる計画で、スタッフにも営業協力していただき頑張ったが、やはりそう甘くはなかった。

利用者はなかなか増えず、出費が重なった。

周囲の人からは、

「そこまで入れ込む必要があるのか」という声が聞かれた。

しかし、私はこの施設のコンセプトが間違っていないという確信があった。

その考え方は、「人が第一」というサンフェローの社是にもあてはまる。

この施設の評判が広まれば、必ず経営は軌道に乗るという信念のもと、私は銀行にも理解を得てバックアップを続けていただいた。


結果的に〈サンフェローみぶ〉は、一年半で黒字転換を成し遂げた。当初の計画からは遅れたが、他の施設と比べれば異例の早さである。

瀧口施設長はただむやみに自分の理想を実現しようとするのではなく、事業としての施設運営にシビアに取り組む姿勢があった。また、集ったスタッフの方々も「私たちの施設」という意識が強く、利用者集めの営業協力を惜しまなかった。

そんな皆さんの努力が実ったのである。

私も、まったく経験のない介護事業に進出し、創設当初の苦境を乗り越えたかいがあった。

めぐりあいと人の和がなしとげた成果であろう。

それでは開設までの経緯を瀧口さんにお話しいただこう。

理想の介護サービスとめぐりあって

デイサービス サンフェローみぶ　施設長　瀧口まゆみ

〈サンフェローみぶ〉にお世話になる以前に、私は下野市の介護施設で事務長をしていましたが、その施設の閉鎖にともなって、私自身でデイサービスを始めようと計画を進めていました。

介護事業に携わる前は、スポーツジムのトレーナー、スイミングスクールの指導員、幼稚園の事務長などを務めていました。その幼稚園の経営者がデイサービス、ショートステイ、診療所を併設する医療法人を開設するにあたり、運営を手伝ってもらえないかと頼まれ、ヘルパーの資格を取得して初めてこの世界に入ったのです。

もともと教育の仕事が好きで、あれこれ工夫して生徒や児童に知識や技能を教えることに喜びを見出していました。ところが、頼まれて始めたデイサービスの仕事は、旧来のやり方にのっとったパターン化した運営を墨守しているだけで面白みがなく、もっと楽しい施設にしたいという私の提案もなかなか聞き入れてもらえませんでした。


そんな折りにめぐりあったのが、山口県の〈夢のみずうみ村〉というデイサービス施設です。そこは、〈サンフェローみぶ〉でも取り入れた「自己選択、自己決定」というシステムのさきがけで、体育館のような広いところで利用者がそれぞれ自由な活動をしています。

私はそこで開催されていた指導者研修に参加し、「手作りのリハビリ」というコンセプトに感銘を受けました。なにより、利用者の明るく生き生きとした姿に心うたれたのです。

これまでのように、施設側がリハビリやレクリエーションのメニューをつくり、みんなで一緒に同じことをするのではなく、利用者個々が専門家と相談しながら自分のメニューを手作りするのです。

その考えに共鳴した私は、以前事務長を務めていた介護施設に「自己選択、自己決定」のシステムを導入しようと提案しました。しかし、経営者や運営責任者からはよい答えはいただけませんでした。

いままで慣れ親しんだ方針を変え、施設を改装してまで、利用者を喜ばそうという熱意はなかったのです。

私は不満を抱えながらもそこで五年間勤め上げました。

その施設が事情により閉鎖することになり、私は温めていた理想の介護事業を実現するべく活動を始めました。

当初私は無謀にも、山口県の施設のような体育館を思わせる巨大な建物を思い描いていました。加えて、依頼した建設業者があまりたちのよくない業者だったため、計画は頓挫してしまいました。

そのとき、私の計画に賛同し、「一緒にやってみませんか」と声をかけてくださったのが新井社長です。私をはじめ介護スタッフを社員として雇用し、サンフェローの事業としてスタートしようと仰るのです。

ありがたいお話でしたが、一人でやっていたときとは違い、会社の前途を担うのですから責任重大です。これまでの巨大施設へのこだわりを捨て、身の丈にあった小規模な施設からまずは始めることにしました。

「自己選択、自己決定」という手法をとりいれた介護施設は栃木県では初でした。

しかし考え方やコンセプトは取り入れられても、具体的なリハビリやレクリエーションのメニューは、小規模施設ならではのものをオリジナルで作り出さなければなりません。

まったく新しい運営形態でしたので、私をはじめ、福祉介護畑を歩いてきたスタッフも試行錯誤の日々でした。開設当初は利用者も少なく、スタッフが身近なところへ営業に出向かなければならないほどでしたが、しだいに手応えを感じるようになり、一年経ったころから登録者、利用者が急増しました。

評判を聞きつけたケアマネージャーさんが紹介してくださったり、利用者の口コミが広がったりして、いまでは一日の利用者数も目標に迫っています。

挫折により計画を見なおして再スタートしたことで、〈サンフェローみぶ〉のような小規模な施設でも、スタッフのアイデアと熱意しだいで大規模施設同様の成果を生み出せるという確信を持ちました。

逆に、利用者とのコミュニケーションが密に取れるなど小規模施設ならではのメリットもあり、この形で始めたことが、私たち独自のカラーを打ち出せるという意味でも、よかったのではないかといまでは考えています。

私たちの成功は、これから新しいタイプの介護施設を始めようという方々にも力を与えられると思います。

なぜこの施設は喜びにあふれているのか

成果が物語るコンセプトの正しさ

〈サンフェローみぶ〉の運営方針が正しかったことは、これまでの成果が物語っている。

いま契約者数は四四名（二〇一六年九月末）、一日の平均利用者は一五・五名で、当面の目標二〇名の定員に迫っている。開設一年は利用者集めに苦労したが、いまは評判を聞きつけて希望者が集まってくる。

契約者の利用頻度も高く、定休日（日曜日）以外、毎日通ってくる人もいる。これは「施設にいることが楽しい」という証しであろう。

利用者の居住地は、壬生町、下野《しもつけ》市、宇都宮市の南部あたりまでで、送迎時間片道三〇分以内のエリアとなっている。

〈サンフェローみぶ〉の施設運営の評価の高さは、利用者数の増加ばかりでなく、利用者の属性にも表れている。

開設一年後から登録者、利用者が急増したのは、この施設をケアマネージャーが積極的に紹介してくれるという理由が大きい。

ケアマネージャーすなわち「介護支援専門員」は、都道府県が行う試験に合格し、実務経験を経た者に与えられる資格である。資格者は、要介護・要支援の認定を受けた者あるいはその家族から相談を受け、「ケアプラン」と呼ばれる介護サービスの計画を立て、介護サービス事業者との連絡、調整などを行う。つまり介護サービスのお膳立てをするのが仕事である。

そのケアマネージャーさんが〈サンフェローみぶ〉を積極的に紹介してくれるのである。つまり、介護のプロが認めた優良施設だということだ。

男性の利用者が多いことも同所の特徴のひとつである。

通常の施設は女性の利用者が大半を占める。

女性はその場所に集えば、仮に与えられたリハビリやレクリエーションのメニューがおもしろくなくても、仲間とおしゃべりに興じて楽しむことができる。

しかし男性は見知らぬ人とのつきあいが苦手である。提供されるメニューに面白みが感じられなければ、どうしても孤独をかこつことになる。

この施設で男性の利用者が多いのは、各自が自分に適したリハビリメニューを選べるというコンセプトもさることながら、後ほど紹介するが、所内で通用する模擬紙幣を発行したり、本格的なブラックジャックをレクリエーションに加えるなど、男性も熱中するアイデアをスタッフが出し合って、みんなで現場を盛り上げてきたことが大きいと思う。

「手作りの施設づくり」が、じわじわと成果を発揮してきたのである。

サンフェローみぶの利用方法

介護保険では、障がいの度合によって大きく要支援と要介護に認定を分け、さらに要支援者は二段階、要介護者は五段階にレベル分けされる。

要介護者は文字通り介護を必要とする人であり、原則的な介護保険の給付対象者であ

デイサービス サンフェローみぶの利用案内

●**利用可能者**…介護保険適用者

●**サービス提供時間**…

月曜日～土曜日（祝祭日含む）　9：00～16：00

※年末年始を除く

●**1日あたりの利用料金**（2016年9月現在）

・通所介護サービス

要介護			
基本料金（7時間以上9時間未満）	要介護1	656単位	1回につき
	要介護2	775単位	
	要介護3	898単位	
	要介護4	1,021単位	
	要介護5	1,144単位	
加算	入浴介助加算	50単位	1回につき
	個別機能訓練加算Ⅰ	46単位	
	口腔機能向上加算	150単位	月2回限度
	介護職員処遇改善加算Ⅰ	※参照	1ヶ月につき
食事代（おやつ代含む）	650円		介護保険外

※所定単位の40／1,000

要支援			
基本料金	要支援1	1,647単位	1ヶ月につき
	要支援2	3,377単位	
加算	運動器機能向上加算	225単位	
	口腔機能向上加算Ⅰ	150単位	
	生活機能向上グループ加算	100単位	

●単位は10.14円で計算します（四捨五入するため誤差が生じることがあります）

●ご利用者様の負担は1割もしくは2割になります（所得により）

る。これに対して要支援者は、介護の必要はないが、日常生活に不便をきたしている人が分類される。

要介護・要支援の認定を受けた人は、介護保険を利用して、利用料金の一割、または二割（年金以外の収入のある人などが二割負担となる）を負担することでデイサービスが利用できる。

〈サンフェローみぶ〉の利用料金は前ページの表のとおりである。

例えば、要介護認定は症状の程度によって軽い方から1から5までの段階があるが、要介護3では、利用料金は一日約九一〇〇円である。一割負担者であれば、九一〇円で利用できる。これに個人負担の食事代六五〇円を加えると、一五六〇円が一日あたり利用者が支払う料金になる。

奉仕の精神がなければできない仕事

介護保険は国の財政難の影響もあってしばしば改訂される。

昨年も、要支援者について市町村の負担が増加する改訂がなされ、今年から施行がはじまっている。そうなると、あまり大量に要支援者を受け入れたくない市町村の認定基準も厳しくなり、介護事業にも影響が出る。

このように介護事業は国の政策に左右され、利ばかりを追い求める業者には向かない業態である。もちろんビジネスであるから利益は出さなければならないが、利用者のために多少の損失はやむをえないという利他の精神がなければやっていけない仕事なのである。

先述したように、〈サンフェローみぶ〉は一日の利用定員二〇名を当面の目標としている。介護施設建設の規定では、三平米あたり一名の利用者を受け入れられるので、それに従えば当施設では四〇名まで受け入れ可能である。しかし施設長はじめスタッフは、適切なケアを実行するには三〇名までが限度だろうと考えている。

私もその意見を尊重したい。

利益を追求する経営者であれば、利用者はめいっぱい受け入れたいところだろう。しかしそのためにケアがおろそかになり、利用者の笑顔が消えてしまったら、なんのため

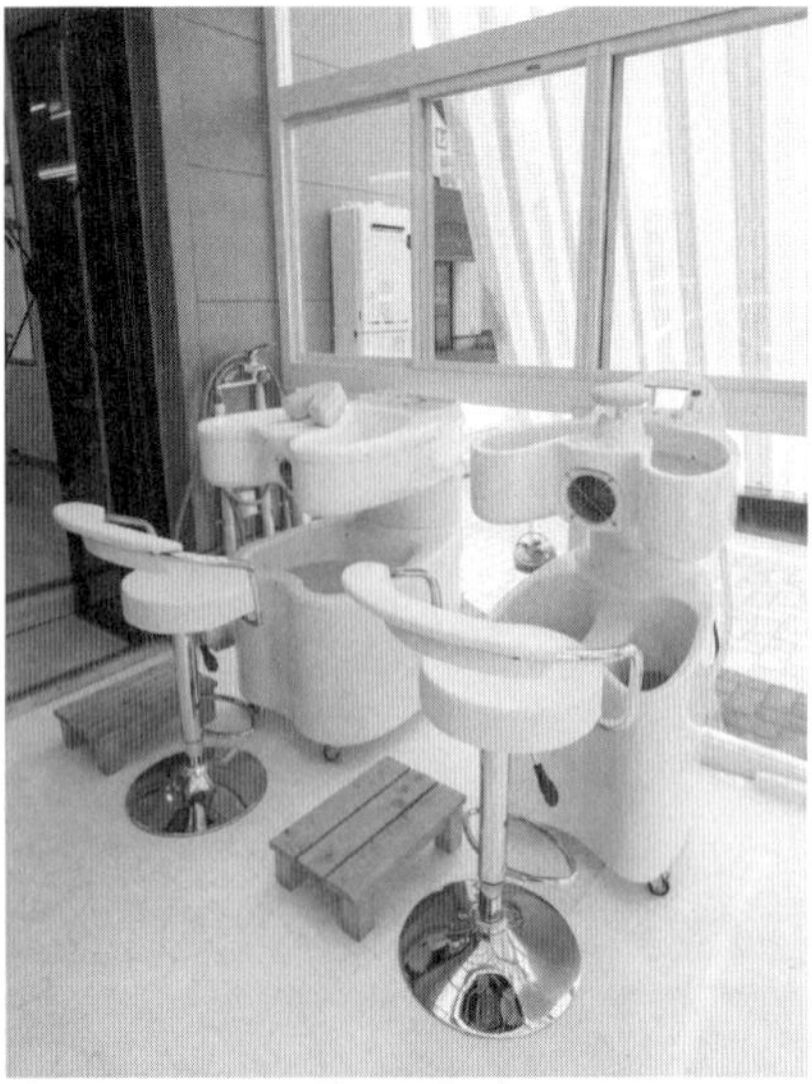

サンルームのハンド&フットバス

に理想を掲げてこの施設を旗揚げしたのかわからない。

また、利用者が増えすぎると、スタッフの負担も大きくなる。社員に過重労働を押し付ける企業運営は私のもっとも嫌うところだ。

施設・設備への投資

私は介護の専門家ではないので、カリキュラムやメニュー作りに口出しすることはできない。そのかわり、スタッフの要望には期待以上の答えを出したいと思っている。

特に設備機器の導入には積極的だ。

まず〈サンフェローみぶ〉は全面遠赤外線床暖房を採用している。浴室やトイレに入っても温度差がないので、心臓麻痺や脳卒中の原因となるヒートショックを防ぐことがで

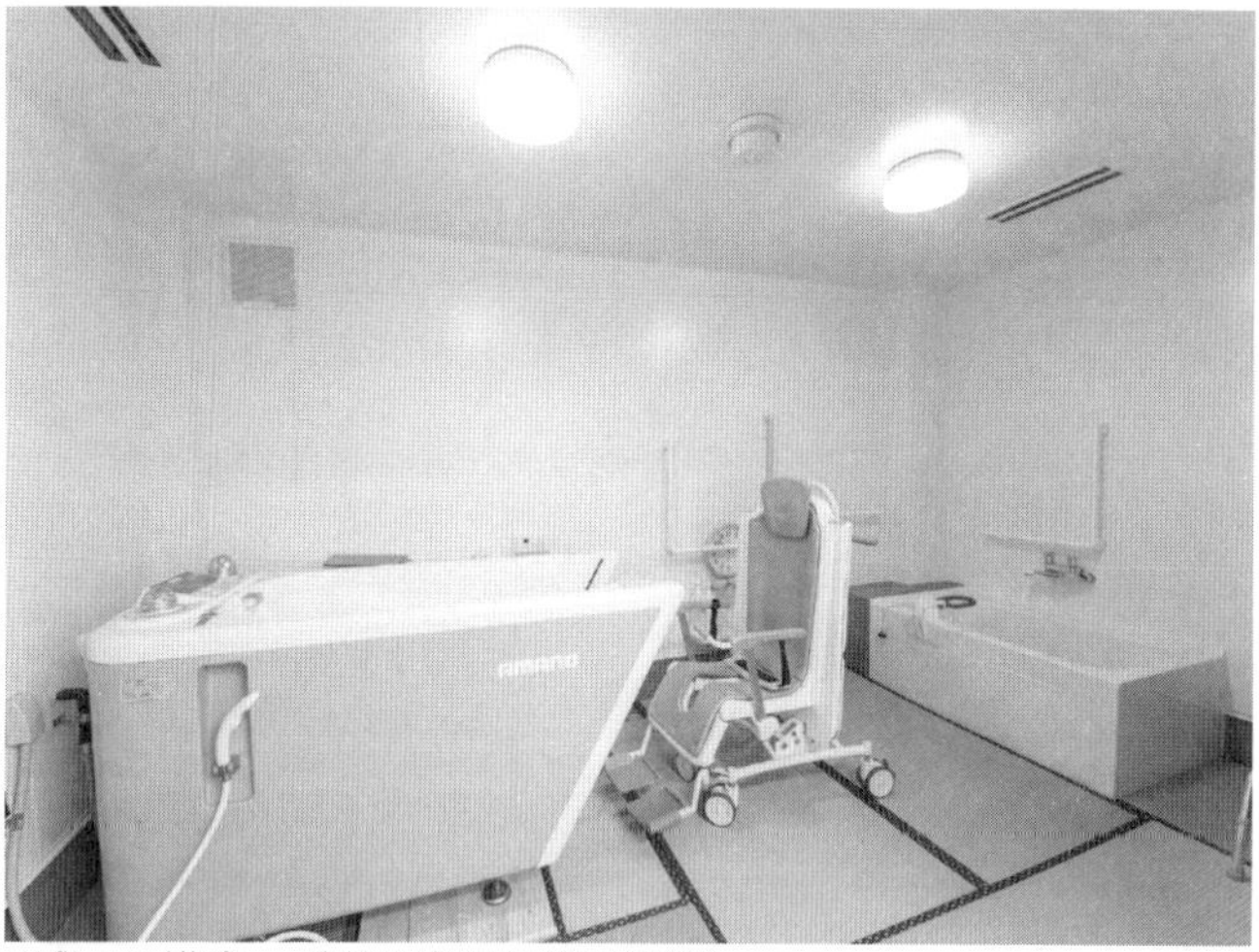
畳敷きの浴室。手前は車椅子用の浴槽

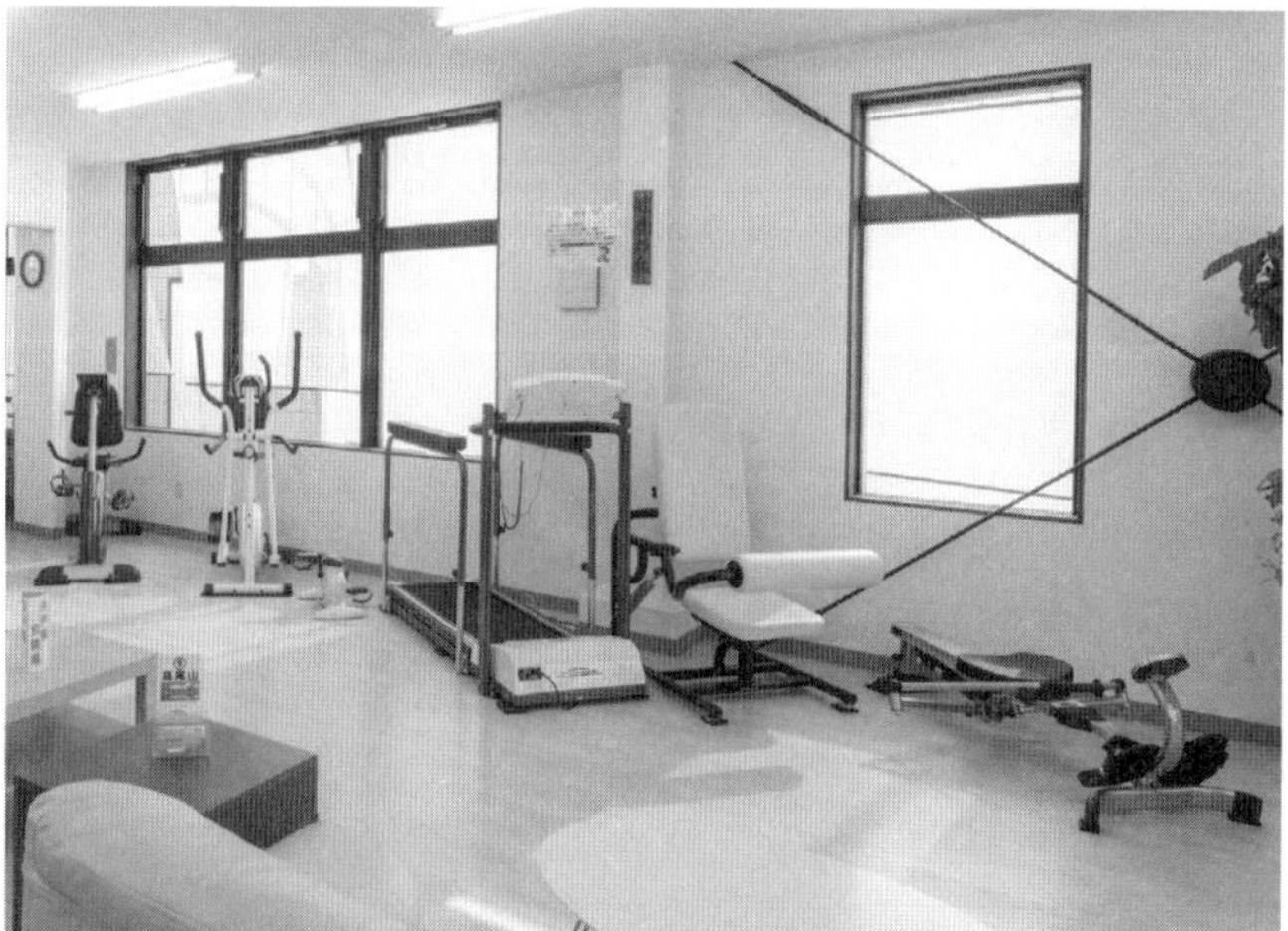
各種リハビリ機器

風呂上がりにはプロのマッサージを受けられる。マッサージ師の渋谷修二さん。

きる。ここに集っていただくだけで、身体の芯までポカポカに温まるのである。専門のマッサージ師が常駐しているので、風呂上がりには施術を受けることができる。

浴室は畳敷きである。

スーパー銭湯などで畳敷きの風呂を見かけていたので、設備業者に尋ねると、「ここにも造れますよ」とのことだったので、多少コストはかかったがすぐに採用したのである。

サンルームにはハンド&フットバスを二台設置している。

サンルームは、以前の店舗にはなかった

ので新たに増築した。エステティシャンでもあるスタッフからの提案を受け、陽だまりの中で足浴を楽しめる空間を造ったのである。

リハビリ用の歩行機器、自転車、ストレッチマシンなどは、新たに購入した。希望者はスタッフの指導を受けて、マシンを利用する。

本格的なブラックジャック台をオーダー

私は介護施設の運営にはしろうとなので、どんな設備やマシンが必要なのかわからない。ほとんどスタッフまかせである。

しかし、開設当初から「やってみたい」と希望していたものがあった。

それがカジノである。

海外旅行でカジノに行き、年配の方々が熱中している姿を見ていたので、介護施設の利用者にも喜んでもらえるという確信があった。

幸い私は、アミューズメント・カジノの運営会社ナインフィールドの社長である久原舞さんという女性を存じ上げていた。日ごろ会社経営の先輩後輩という立場で苦労話や将来の計画などを語り合っていたので、介護施設の開設を機に「こういう計画があるのだが」と声をかけてみると、二つ返事で協力を申し出てくれた。

私の提案は瀧口施設長にも受け入れられた。カードの数字やコインを勘定して作戦をたてなければならないので、リハビリになるというのだ。私は単純に「面白そうだし、利用者にも好評を得るだろう」という考えから提案したのだが、なるほどそういう見方もあるのかと思った。

新しい試みなので、最初は玩具と普通のテーブルで模擬的に始めようかという意見もあった。

しかし私は、どうせやるなら思いきって本格的な設備を導入したかった。

計算をして作戦を立てるという点では、ブラックジャックが最適だろうということで、まずはブラックジャック用のテーブルを探した。

しかし規制の商品はすべて固定式である。施設で利用するには、ふだんは収納しておける折りたたみ式のテーブルにしたい。

オーダーで造った本格的なブラックジャック台

利用者が熱中するカジノタイム

そんなテーブルはオーダーでなければ手に入らなかった。

幸いなことに、ナインフィールドの久原さんの父親がゲーム用のテーブルなどを制作する技術者だった。さっそくその方にこちらの要望を伝えて、折りたたみ式のブラックジャックテーブルを造ってもらった。

チップやカードを配るためのシューター、合図用のベルなどは、実際にアミューズメント・カジノで使用されているものを購入した。

ゲームの進行もより本物に近づけたかった。

そこで久原さんに頼んで、〈みぶ〉のスタッフにディーラーの研修をしてもらった。

おかげでここのスタッフは、誰もが本場のカジノディーラーさながらの立ち居振る舞いを身につけている。


本物志向にこだわった成果はすぐに表れた。

夕方頃から始まるブラックジャックは大人気だ。

ディーラーとなったスタッフが開始のベルを鳴らし、さっそうとシューターからカードを出して手際よくプレイヤーに配る。お年寄りもこのときばかりはギャンブラーに変身し、真剣に次の一手を考える。

決着がついたときの一喜一憂。

それは私が本場のカジノで目にした光景と変わらない。生き生きとした人間の姿がそこにある。

テーブルの定員は七名だが、希望者がそれを超えることもしばしばで、予備のテーブルや椅子を持ち出して、たいへんな盛り上がりをみせる。

私にしてみれば、ただお年寄りに楽しんでもらいたいという思いで導入したゲームが、リハビリテーションにもつながるという副産物を生んだことがなによりだった。

介護施設のリクリエーションは、ただ射幸心を刺激したり、熱中できたりするだけはなく、リハビリのためにもなるという観点が必要だ。

例えば、スタッフの要望を受けて開設時に導入したカラオケセットは、ただ歌が歌えるというだけではなく、リハビリ体操の指導教材がオプションで入っている。

その意味でブラックジャックは、「夢中になれて、頭も使う」という、介護施設のリ

スロットマシンも準備中

クリエーションにはぴったりのツールだった。

お年寄りが熱中する姿を見て、私は自分のアイデアと投資が間違っていなかったことを確信した。

利用者の中にはブラックジャックに参加しない人もいるので、同時にスロットマシンも二台購入した。これも人気があったが、利用が多く一台故障してしまったので、現在は休眠中である。

スロットマシンの再開も含めて、新しいゲーム、リクリエーション設備のアイデアをスタッフとともに練っている。

もちろんそのさいも、皆さんに喜んでいただくために全面的にバックアップするつもりである。

サンフェローみぶのプログラム

さて、それでは再び施設長の瀧口まゆみさんにご登場願い、利用者が明るく元気になり、なかなか家に帰りたがらない、この施設のノウハウを紹介していただこう。

デイサービス サンフェローみぶ　施設長　瀧口まゆみ

利用者自身がリハビリメニューを決める

〈サンフェローみぶ〉に入所した方は、まず私を含め専門スタッフと相談しながら自身のリハビリのメニューを決めます。

リハビリのメニューは、スタッフみんなで相談し、利用者が興味を持ち、楽しく取り組めるゲーム方式になっています。ゲームで楽しみながら、自然に知力や身体機能の向上が図れるようになっているのです。

すべてのメニューが一枚一枚カードになっていて、それをする目的、写真付きの実施方法、実行することで得られる生活の効能が、わかりやすく記されています。

例えば、あるゲームは「頭の回転をよくする」目的で行われ、同時に「考える力を鍛え」「記憶力を良く」するもの。また、ある運動は「上肢の動きを良くする」目的で行われ、「腕の動きが良くなる」と同時に「集中力を鍛え」「肩が凝りにくく」なる、などです。

こういったメニューの目的や実施方法を、利用者は十分把握したうえで、それぞれのメニューをこなしていきます。

メニューの用具（トリム）は、施設の各所に用意されています。壁、床、窓辺、テーブルの上、あらゆるところがリハビリの現場になるのです。

例えば「水戸黄門様」というゲームは、施設各所に置かれた水戸黄門様の札を、歩き回って番号順に探し、そこに書かれた文字を記載します。これにより、運動能力や識字能力が同時に鍛えられます。

壁やテーブルにリハビリの用具が並ぶ

機能改善に役立つ数々のメニュー

メニューは現在三〇種類ほどありますが、スタッフとともに知恵を出し合って、より面白く、機能向上に役立つ運動やゲームを常時開発しています。

いま一番人気があるのは「数合わせ」という単純なゲームですが、ハンディをかかえている方には頭の体操になり、集中力を高めるのに役立ちます。

頭の回転をよくするゲームには他にも、牛の肉の部位をはめ込んで完成させる「モーモーパズル」、びわ湖、近江牛、鮒寿司といった三つのキーワードから県名を当てる「連想ゲーム」、漢字のカードを組み合わせ

思考力や記憶力を高めるゲームのトリム各種

て四字熟語を完成させる「四文字熟語」など、楽しみながらボケ防止になるメニューを、スタッフがあれこれ工夫して提供しています。

また、運動機能を高めるゲーム「投げ込んでポン」は、お手玉を点数の書いてある袋に投げ込むもので、上肢の動きを改善します。数字が書かれた足型の上に順に足を運ぶ「足軽運動」は、足が前より上がるようになり、行動範囲が広まります。同じように、壁に貼ってある数字が書かれた手形に、順番に手を置いていく「城壁上り」は上下肢の動きとバランスをよくするのに役立ち、洗濯ばさみをハリネズミの絵のハリ

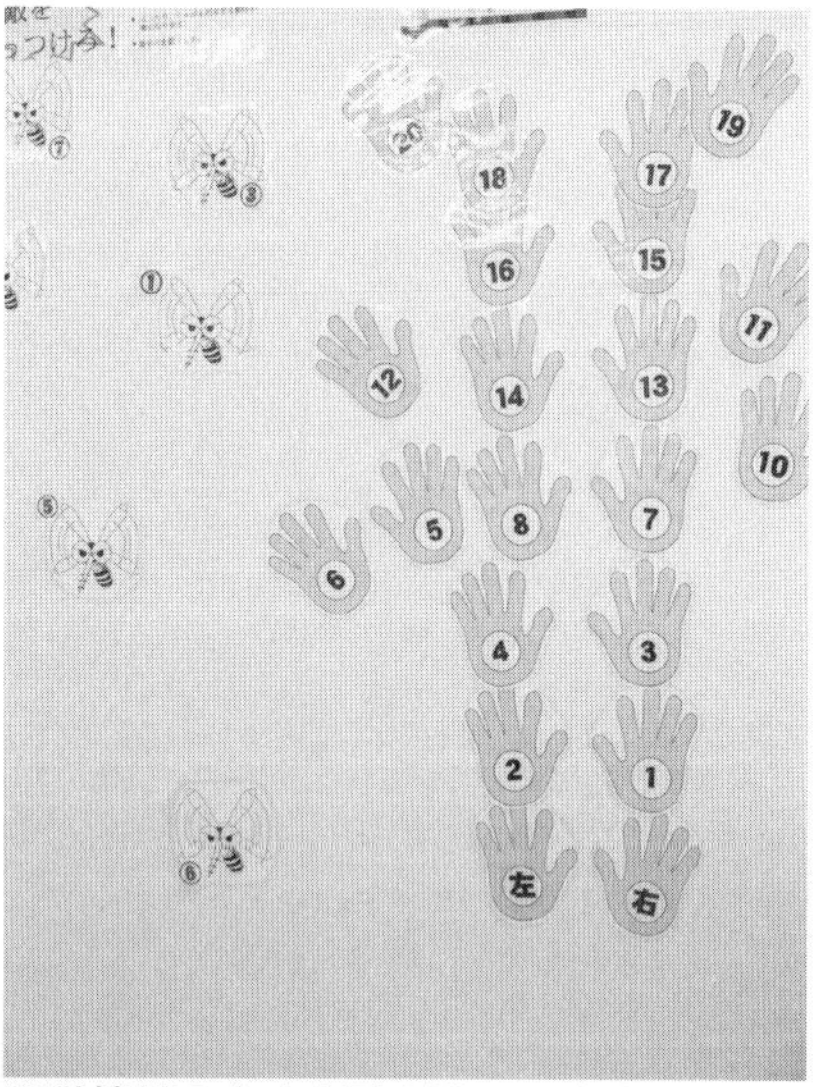

運動機能の向上を図るゲームのトリム

の部分に挟んでゆく「はさんで完成」は指先の動きをよくします。

　これら三〇種類のリハビリメニューがいつでもできるように、施設の壁やテーブルには、リハビリに使うボードや用具がところ狭しと並んでいます。

　利用者は各自で決めたプログラムに従って、それぞれメニューをこなしていきます。

スタッフの負担も大きい「自己選択、自己決定」のシステム

　一般の施設では、リハビリやレクリエーションを集団で行っていますが、「自己選択、自己決定」をコンセプトとする当施設はそこが違うところ。

　ですので、施設に見学に来られた方は、部屋のあちこちでみんなが勝手なことをやっ

ている姿に驚くのです。

しかし要介護者や要支援者がかかえる障がいはそれぞれ違いがあり、その人独特のもの。ですから、各々の状態に合わせて、それぞれのリハビリがあって当然ではないでしょうか。

この考え方に共鳴し、自分の施設に持ち帰ってやってみようとする方もいらっしゃいます。しかしなかなか実行するのは難しいようです。

利用者がそれぞれ自由に活動しているのだから、スタッフの負担は軽いのでは、と思われるかもしれませんが、実際はその逆。

リハビリメニューの中にはスタッフの付き添いが必要なものもあり、運動系のメニューは安全のために目がはなせません。

それに、障がいが重い方にとっては難易度が高いメニューもあり、スタッフが工夫してその方に適したものにアレンジしたり、マンツーマンで指導しながらリハビリしたりしているのです。

いま〈サンフェローみぶ〉には一〇人のスタッフがいて、一日平均六・五人が活動しています。

午前中の入浴時間は、二、三人ずつ順番にお湯を使ってもらいますが、これには常時二人がかかりきりになります。

人員からみても、施設のキャパからみても、利用者の受け入れの限界は迫ってきていると思います。

利用者のやる気を高める施設内通貨「フェロー」

〈サンフェローみぶ〉の利用者のやる気や元気を支えている制度に、施設内で流通する通貨「フェロー」の発行があります。

「フェロー」を作るにあたって、私たちはこども銀行のような簡単な紙幣を想定していましたが、新井社長が「せっかく作るなら本物に近いものを」と、肌触りも本物の紙幣に近い凝ったお札を作ってくれました。

フェロー通貨の使用は、利用者のモチベーションを高めるのにたいへん役立っています。

〈サンフェローみぶ〉の利用者は、首から大きい財布をぶらさげていますが、中には貯めたフェローが入っています。

貯まったフェローはカジノをはじめさまざまなサービスに使えます。

利用者の中にはリハビリを頑張ってフェロー貯金を増やしている方も多くなり、ついに施設の中で銀行ができ、通帳を発行するまでになりました。

すでに六万フェローも貯金している方もあり、そろそろ貯まった貯金に応じて何かプレゼントをしてあげようと考えています。

刺激のある環境で障がいも改善する

このように〈サンフェローみぶ〉には、スタッフの私たちから見ても楽しめる企画であふれています。

当所の利用者は、認知症の症状のある方が半数ほどに達していますが、認知症は放置しておくとどんどん進行してしまいます。そのような方々も、このプログラムで刺激を得て、症状の進行を抑えることができています。

当所を利用するようになると、まず表情が変わります。ストレスをためて険しい顔の方も穏やかに、にこやかに変化するのです。

いま週六日毎日通って来られる皆勤賞の方がいらっしゃいます。この方は脳梗塞を患って退院したばかりで、身体と言語に障がいが残り、特に言葉はほとんど発することができない状態でした。もともと人付き合いが苦手で、ご家族も「うまくいかないのでは」と心配していましたが、家で一人にしておけないので、こちらに通ってもらうことにしたのです。

バリアフリーの床、高い天井、明るい室内

ご自分の意思を伝えることもほとんどできませんでしたので、リハビリのメニューはこちらで提案し、この方が

壁やテーブルにリハビリの用具が並ぶ

興味を示すものを選んでいただくようにしました。
家族が心配した通り、入所した当初はひとりぽつんと椅子に腰を降ろして、何をする気力もなく、身体はある程度動かせたので、すぐに家に帰りたがりました。理由はわかりませんが、入浴も拒否されました。
しかし仲間たちの元気な姿に刺激を受け、リハビリをこなすうちに、ここへ来ることが楽しくなったようです。最初の一週間は三日来所。次の週には四日来所。そして三週間後からは、ほぼ毎日来所するようになりました。
そして、一カ月足らずで呼びかけに対し

てはっきりと返事ができるようになり、いまでは簡単な応対ならこなせるようになりました。

そしてなにより、この施設で過ごすとき、とてもおだやかでリラックスした表情を見せているのです。

また、同じように脳梗塞から左半身麻痺となった方も、入所したころはほとんど何もできませんでした。そこで、私たちは通常のメニューをより簡単にしたその方専用のものを作ってやってもらうことにしました。

「自己選択、自己決定」のシステムは、要するにその人に適したリハビリやレクリエーションを各自が選んでもらうということです。適したものがメニューの中になければ、新しく作らなければならないのです。

スタッフの理解を得て新しい試みを推進

私は、介護施設で働く以前は、スポーツクラブの指導員でした。

この業界に入ったときは「しろうと」でしたので、逆にそれまでの常識や習慣にとらわれずに新しいシステムを導入することができたのだと思います。

また、前職の視点をこの世界に取り入れてもいます。「生涯運動」というスローガンを掲げてリハビリに力を入れているのも、そんな理由からです。

トレーニング機器も私が選んで利用者に適した本格的なものを採用しました。

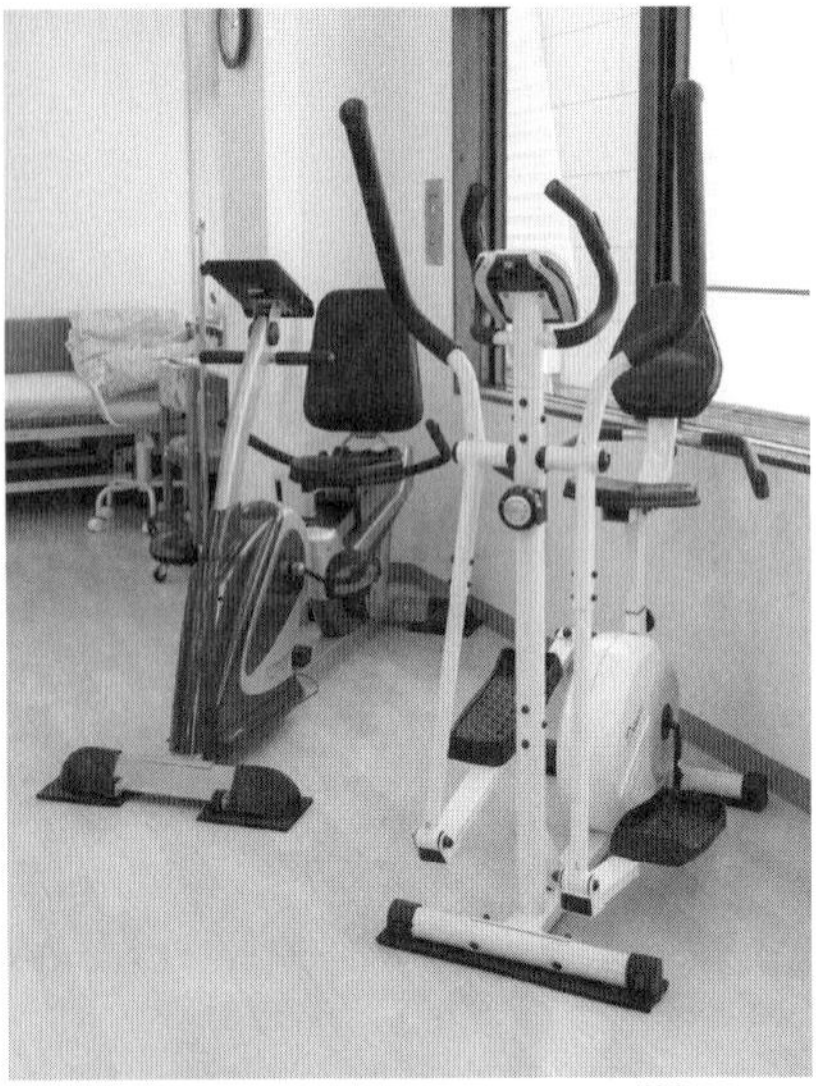
新しい観点で取り入れたトレーニング機器

この施設のスタッフは、ほとんどが最初から介護・福祉の世界で働いてきた人たちです。そのため、どうしても業界の常識や習慣にとらわれがちでした。
一緒に働きながら、私は自分の考え方を伝え、柔軟な思考を身につけてもらうようにしています。最初はとまどっていたスタッフもこのやり方に慣れ、新しい提案もどんどん出るようになりました。

また、新しい方法を導入しても、それをそのまま使い続ければやがて古くさくなってしまいます。利用者とコミュニケーションをとりながら、常に新しく改善していく姿勢が必要です。

例えば、利用者の様子を見て、「今日はちょっと雰囲気が暗い」と感じたらみんなを散歩に誘うとか、そんな臨機応変の対応ができるようになればと思います。

いまこの施設に残って頑張っているスタッフは、私の考え方を理解し、賛同してくれている人たちです。開設して一年半、いまとてもいい感じで運営ができるようになり、私もそんなスタッフに支えられてどうにかここまで来ることができました。

利用者がどんどん増え、経営面でも軌道に乗ったこれからがほんとうの勝負だと思っています。

増加する利用者へのサービスを保つために新しいスタッフも採用しなければなら

ず、その人たちにまたこの新しいシステムを理解してもらいながら前に進むという、難しい舵取りが必要とされているのです。

＊＊＊

瀧口さんはじめスタッフのみなさんの頑張りと向上心には頭の下がる思いである。

〈サンフェローみぶ〉の利用者が急増し、施設のキャパの限界が迫っているいま、デイサービス第二号店の計画を早急に進めなければならない。

しかしそれも、現在のスタッフに過大な負担がかからないよう配慮しながらの話である。

先を急ぐあまり、介護事業をここまで盛り上げてくれたスタッフを潰してしまったら、もともこもない。新しい働き手を入れ、新人教育をしつつ、施設を増やしていくことが今後の課題になるだろう。

二号店そして「サ高住」へ

デイサービス施設の拡充とともに、取り組みたいのが「サ高住（サービス付き高齢者向け住宅）」の運営である。

これは介護福祉士やヘルパーなどの専門家が常駐している賃貸の集合住宅で、老人ホームなどの入居待ちが常態化している昨今、民間運営の介護サービス付き住宅として期待されているものである。

デイサービスやお泊まりサービスの施設が、サ高住を併設していることはよくある。〈サンフェローみぶ〉の利用者からも要望が多く、他の施設のサ高住に入居している方も「サンフェローさんでもサ高住を造ったらいかがですか」と勧めてくださる。ありがたいお話である。

そうした方々の要望に応えるためにも、サ高住の計画もできるかぎり早めにとりかかりたいと考えている。

介護の仕事はやりがいがあると以前から感じていたが、この施設を手がけてみて、その運営のしかたに私自身心底惚れ込んでいる。

開設当初は、「しろうとが介護事業などに手を出して……」とか「目新しいシステムに飛びついて、失敗するのでは……」などと批判もされた。しかし、運営が軌道に乗り、評価が高まると、そうした声も聞かれなくなった。

私も含め、悔しい思いをしたスタッフも多かったのではないかと思うが、信念をもって続けてきた努力が結実しようとしている。

私自身は直接前線の仕事に携わることはできないが、側面から援護できたことを誇りに思い、少しは世の中のお役に立てたのではないかと喜びをかみしめている。

これからもさらに施設を充実させ、こうした慈善事業のような仕事もビジネスとして十分成り立つのだということを証明し、今後この世界に参入する人々にも勇気を与えていきたい。

スタッフ、利用者の声

〈サンフェローみぶ〉のスタッフ、利用者にも話を頂戴しよう。

日々喜びに出会う仕事

デイサービス サンフェローみぶ　介護員　齋藤沙智絵

私は介護の世界一筋で仕事を続けています。

瀧口施設長と同じデイサービス施設で働いていましたが、その施設が閉鎖され、瀧口さんが新しい施設を計画されるというので、その準備期間中は、特別養護老人ホームに勤めていました。

そして〈サンフェローみぶ〉のオープンと同時に創設スタッフとして入所、現在にいたります。

いままで関わってきた介護施設はどこも、何をするにも「みんなで一緒」という昔からのやり方が踏襲されていて、当所の方針はとても新鮮でした。

でも、以前のやり方に慣れているので働く方としては楽ではありませんでした。みんながそれぞれのプログラムで動いていますので、開始から終業まで、常に気を張っていなければなりません。

「いまCさんが立った」「Dさんが考えごとをしている」「いまEさんがなにかしたがっている」

そういったことに注意しつつ、スタッフ同士目で合図したり、利用者に声をかけたり、手助けをしたりしているのです。

その結果がすぐ利用者の「ありがとう」という反応になって表れますので、楽ではありませんが、たいへんやりがいがあります。

それに、これまで勤めた施設では、職員はただ決められた仕事を繰り返すだけでしたが、ここでは私たちスタッフの提案が重視されるので、利用者の希望や私たちのアイデアをどんどん上げるようにしています。

例えば「投げ込んでポン」などは、スタッフが提案し、ディスカッションして知恵を出し合い、新しくメニューに加えたものです。

私もいろいろなメニューを提案し、中にはボツになったものもありますが、そんな提案も机の引き出しにしまっておいて、いつか改良して再提出しようと考えています。

こういうオープンな運営方針がスタッフのやる気にもつながっているのだと思います。

この仕事をしていると日々うれしい出来事に出会います。

ずっと言葉を発しなかった方が人と会話できるようになる。できなかったリハビリメニューがこなせるようになる。

そんな出来事の積み重ねが、私のエネルギーとなっているのです。

大切な人に紹介したくなるお客様本位の施設

デイサービス サンフェローみぶ　介護員・事務　蔭山むつみ

美容師、エステティシャン、総務・経理事務とさまざまな仕事を経験しました。以前勤務していたのが瀧口施設長がいらっしゃった介護施設だった関係で、お声をかけていただき、こちらにお世話になりました。

ここでは、いままでやってきた仕事の経験がすべて生きています。介護スタッフとしてはもちろんのこと、総務・経理の事務、さらに認定エステティシャンの資格があるので、エステの施術も行っています。

〈サンフェローみぶ〉の立ち上げの頃は利用者が少なかったので、私も身近な人々をお誘いしました。

エステのお得意様に声をかけて親御さんに利用してもらったり、近所のおばあちゃんを誘ったりしたのです。

そんな大事な方に喜んでもらいたいとの思いで、施設の仕事にも力が入りました。

おかげさまで、エステのお客様からは、「母がたいへん喜んでいます」といった感謝のメールがよく届き、利用された方がお友だちを紹介し、さらにその方が知人を紹介と、次々とご紹介の輪が広がりました。

正直な話、以前の介護施設では、身内や大事な友だちにはあまり紹介したくないというスタッフの声が多かったので、私もこのような「人に紹介したくなる施設」で働くことができ、ほんとうによかったと思っています。

〈サンフェローみぶ〉が他の施設と違うのは、お客様本位の運営姿勢にあると思います。他の施設は、どうしても経営が最優先で、お客様に喜んでいただこうという精神に欠けるのです。

方々の介護施設を見学されている新井社長も、「みんなつまらなそうだよね」とよく仰っていますが、そういうところで働いた経験のある私も同感です。

お茶を飲んで、テレビを見て、順番が来ればリハビリを受けるという、刺激のない毎日。これではお年寄りの元気がなくなるのもしかたないことです。

利用者に喜んでもらおうとすれば、スタッフの数も、仕事の習熟度も、手間も必要になるので、そこまでしてこれまでのやり方を改善する必要性を感じないというのが現状ではないでしょうか。利用者もあきらめて、不満の声をあげませんから。

そんな中、お客様本位の姿勢をつらぬく〈サンフェローみぶ〉の人気が高まり、「あそこ、いいよね」という利用者の口コミが広まり、ケアマネージャーさんたちの注目度も高まるのは当然なのかもしれません。

かつて嫁いでいたころ、義理の父を一八年介護しました。

介護保険法が施行される以前は、障がいを持ったお年寄りは外に出さず、家の中に隠して嫁が世話をするというのが常識で、泣きながら世話をする日々でした。

それが二〇〇〇年に制度が始まり、各種サービスが利用できるようになると、生活が一変しました。父を預けてひと息つける時間ができたのです。それはもう至福の時でした。制度や介護サービスのありがたさを身に染みて感じました。

介護施設の仕事をするようになったのもそんな経験があったからです。さらにお年寄りを預ける家族の気持ちが痛いほどわかるので、利用者には入所したことを喜んでいただきたい、楽しんでいただきたいと強く願います。

〈サンフェローみぶ〉の開設当時は、子どもを塾へ送り迎えするついでに周辺の家にパンフレットをポスティングしたりと苦労しましたが、その苦労がいま報われてほんとうによかったと思っています。

ぬり絵のリハビリメニューに熱心に取り組む上原さん

食事にも配慮していただいて

デイサービス利用　上原節子さん

私は交通事故に遭って、一時左の腕が動かなくなり、いまも障がいが残っています。壬生町のケアマネージャーさんに〈サンフェローみぶ〉を紹介していただき、入所しました。

他の施設も利用したことがありますが、サンフェローさんはリハビリが上手で、食事にも気を使ってくださり、とても感謝しています。

特に私は体質に合わない食べ物が多いの

マッサージチェアでリラックスする杉本さん

で、以前の施設では苦労しました。食事はみんな一緒のもので、しかも揚げ物などが多かったのです。

こちらでは私の無理な要望に応えてメニューを工夫してくださるので、ありがたいです。

一人ひとりに違うリハビリメニューも私に適したもので、心身共に回復しています。

週三回通うこの時間が楽しい

デイサービス利用　杉本廣さん

一年前からごやっかいになっています。

病気で身体が不自由になってしまったので、知り合いに勧められて入所しました。

こちらの職員のみなさんはとても親切で、私の症状に合わせてリハビリをいろいろと考えてくださいます。

最初は外出するのがおっくうでしたが、いまでは週三回の通所の日を楽しみにしています。

ありがとうございました。

私たちが心をこめてサポートいたします

〈デイサービス　サンフェローみぶ〉は、スタッフと利用者の距離が近いオープンな施設です。お困りのこと、不安なこと、お気軽にご相談ください。スタッフが親身に対応します。

■お問い合わせ
デイサービス　サンフェローみぶ
〒321-0217
栃木県下都賀郡壬生町至宝3丁目9-3
TEL 0282-28-6887
http://www.sun-fellow-kaigo.com/

あとがき——本書の執筆にあたって

「本を書きませんか」と、ひとかたならずお世話になっている方から声をかけられた。若輩者の私が本を書くなど十年早いとそのときは思ったが、今後のサンフェローの発展のためにも必ず役立つと強く勧められ決意した。

ビジネス書を多数発行しているとりい書房の大西強司社長に出版をお任せし、本作りが始まった。しかし、隔月刊の情報誌の一ページをエッセイで埋めるのにも四苦八苦している私である。なかなか筆が進まない。編集担当の加賀美康彦さんには、原稿の催促とチェックにお手間をおかけした。

本文中に何度も触れたように、私は周囲の人々に支えられてどうにかここまでやってきた。そして、そういう方々になんとか恩返ししようと「おかげさま」の精神で会社を切り盛りしている。その初心を忘れずに、今後も焦ることなく一歩ずつ業績を伸ばしていきたい。

本書に関わってくださった皆様、サンフェローのお取引先の方々、この会社を選んで入社し、会社発展のために頑張ってくれている社員のみんなに感謝申し上げます。また、常に鷹の眼で見守っていただき何かあると必ず手を差し伸べてくださる株式会社深井製作所・代表取締役社長　深井孟様、厳しい仕事の御指導の中にもあたたかいお人柄がにじみ出る鹿児島県シャークランド　有馬様、そして、この世に私を生んでくれた両親と家族のみんなに感謝の意を表し、本書を捧げます。

平成二九年一月

サンフェロー株式会社　代表取締役社長　新井敏之

著者
サンフェロー株式会社 代表取締役社長
新井敏之(あらい としのり)

1968年栃木県足利市生まれ。

30代でゼロから人材派遣業を興し、2005年4月1日サンフェロー株式会社設立。

人との出会いや絆を大切に会社を飛躍的に成長させ、業務用冷熱機器・空調機器等の販売・設置・メンテナンス、コールセンター運営、飲食店経営、介護事業などさまざまな業態に進出、いずれも成功に導いている。

2015年6月、栃木県壬生町に〈デイサービス サンフェローみぶ〉を開設。「自己選択、自己決定」という新しいコンセプトを掲げて、利用者が明るく元気になる介護施設を実現。評判を呼び、開設1年半で黒字化を果たしている。

人の和で幸せを広げる おかげさま経営

2017年2月25日 初版発行

著 者 新井敏之
発行人 大西京子
制 作 とりい書房第二編集部
発行元 とりい書房
〒164-0013 東京都中野区弥生町2-13-9
TEL 03-5351-5990
ホームページ http://www.toriishobo.co.jp
印刷所 倉敷印刷株式会社

ISBN 978-4-86334-098-5
Printed in Japan